DE LA VALIDITÉ DU MARIAGE CANONIQUE CONTRACTÉ EN FRANCE ENTRE DEUX ÉTRANGERS DONT LA LOI NATIONALE RECONNAIT CE MARIAGE

ÉTUDE DE DROIT INTERNATIONAL PRIVÉ

PAR

A. LAURENT

PROFESSEUR SUPPLÉANT A L'INSTITUT CATHOLIQUE DE PARIS

PARIS
LIBRAIRIE
DU RECUEIL GÉNÉRAL DES LOIS ET DES ARRÊTS
ET DU JOURNAL DU PALAIS
L. LAROSE, ÉDITEUR
22, RUE SOUFFLOT, 22
1895

DE LA VALIDITÉ

DU

MARIAGE CANONIQUE

CONTRACTÉ EN FRANCE

ENTRE DEUX ÉTRANGERS

DONT LA LOI NATIONALE RECONNAIT CE MARIAGE

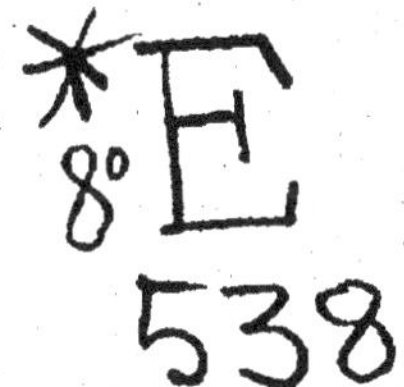

IMPRIMERIE
CONTANT-LAGUERRE
LUX VITA
BAR-LE-DUC

DE LA VALIDITÉ DU MARIAGE CANONIQUE CONTRACTÉ EN FRANCE ENTRE DEUX ÉTRANGERS DONT LA LOI NATIONALE RECONNAIT CE MARIAGE

ÉTUDE DE DROIT INTERNATIONAL PRIVÉ

PAR

A. LAURENT

PROFESSEUR SUPPLÉANT A L'INSTITUT CATHOLIQUE DE PARIS

PARIS

LIBRAIRIE
DU RECUEIL GÉNÉRAL DES LOIS ET DES ARRÊTS
ET DU JOURNAL DU PALAIS

L. LAROSE, ÉDITEUR

22, RUE SOUFFLOT, 22

1895

DE LA VALIDITÉ

DU

MARIAGE CANONIQUE

CONTRACTÉ EN FRANCE

ENTRE DEUX ÉTRANGERS

DONT LA LOI NATIONALE RECONNAIT CE MARIAGE.

A la date du 11 mai 1892, M. le Ministre de la justice, dans une lettre adressée au procureur de la République de la Seine, rappelait l'article 54 de la loi du 18 germinal an X, qui défend aux ministres du culte de procéder à la célébration du mariage religieux avant de s'être assurés que le mariage civil avait précédé. Puis il continuait ainsi : « Cette règle doit recevoir son application lors même, que les futurs, tous deux étrangers, appartiendraient à un pays où le mariage civil et religieux se confondraient en un seul et même acte. Serait-il, en effet, établi que le mariage religieux contracté en France produirait en l'autre pays tous ses effets, que la question à résoudre ne devrait pas être examinée au point de vue de la capacité personnelle des contractants, mais à celui des pouvoirs reconnus aux ministres du culte par notre législation.

« Or, le Code pénal est venu ajouter ses injonctions au principe déjà écrit dans la loi du 18 germinal an X. Les pénalités édictées par les articles 199 et 200, ne se sont pas même inspirées uniquement de l'intérêt des parties. Elles ont eu aussi pour but d'assurer toute sa sanction à la règle de la sécularisation des mariages. Elles sont donc essentiellement d'ordre public et de police, et, à ce titre, aux termes de l'article 3 du Code civil, elles obligent tous ceux qui habitent le territoire.

« Aucune législation étrangère ne peut, d'autre part, donner en France, à un ministre du culte, un pouvoir que notre législation lui refuse expressément. Il y a donc nécessité d'appliquer en pareil cas la règle : *locus regit actum.*

« Ainsi l'a décidé, la législation étant identique, par application des mêmes principes, la Cour de cassation de Belgique dans un arrêt du 19 janvier 1852[1]. »

Le Garde des sceaux aurait pu aussi se retrancher derrière l'autorité d'un tribunal français, celui de Toulouse, qui, le 7 mai 1890, condamnait à une amende de 100 francs un prêtre catholique ayant célébré en France le mariage entre deux Espagnols sans qu'aucun contrat civil ait précédé[2].

Si après avoir consulté l'autorité judiciaire, nous ouvrons les ouvrages des jurisconsultes modernes, nous y trouverons presque toujours la même solution. Presque tous nous diront qu'en vertu des dispositions de la loi de germinal an X, et du Code pénal, le prêtre qui célébrerait en France un mariage religieux, même entre deux étrangers, commettrait un délit et même un crime et encourrait les peines édictées par les articles 199 et 200 du Code pénal[3].

Devant cette presque unanimité des auteurs et des décisions judiciaires, on est tenté de se ranger à l'avis commun,

[1] Lettre du garde des sceaux, dans le *Journal du droit international privé*, année 1892, p. 1242.

[2] *Journal du droit international privé*, année 1891, p. 225.

[3] Laurent, *Droit international privé*, t. IV, n° 236. — Weiss, *Précis de droit international privé*, p. 481. — Surville et Arthuis, *Droit international*, n° 285. — Fiore, *Du mariage célébré à l'étranger suivant la législation italienne*, traduction Chrétien, dans *Journal du droit international privé*, année 1886, p. 302. — Clunet, même journal, année 1887, p. 461. — Garraud, *Droit pénal*, t. 3, p. 489.

pensant qu'on doit se tromper, en proposant une solution contraire à celle généralement adoptée. Toutefois la vérité a des droits, même contre l'unanimité des auteurs, et j'ai cru devoir étudier attentivement la question. De cette étude est sortie pour moi la conviction profonde, absolue, que la solution indiquée par le Garde des sceaux aux procureurs de la République est contraire aux véritables principes qui régissent la matière. Je persiste donc dans mon opinion.

Victrix causa deis placuit sed victa Catoni.

En supposant donc un mariage entre deux personnes appartenant l'une et l'autre à un pays où le mariage religieux et le mariage civil ne font qu'un, je suis arrivé à cette double conclusion :

1° Le mariage religieux célébré en France sans aucun mariage civil, est parfaitement valable et produit ses effets aussi bien en France que dans le pays auquel appartiennent les époux ;

2° Le prêtre qui célèbre ce mariage ne saurait être poursuivi en justice et frappé de peines pour avoir prêté son ministère à une pareille union.

De ces deux conclusions la première est sans contredit la plus importante. Aussi est-ce la validité du mariage que je me propose tout d'abord d'établir. Quand j'aurai démontré la vérité de ce premier point, il me restera peu de choses à dire pour convaincre de la justesse de ma seconde conclusion.

Premier point.

Validité du mariage.

Contre cette validité on a opposé deux séries d'objections de natures bien différentes. La première tient à la théorie générale de la forme des actes et se rencontre dans un grand nombre d'hypothèses où il n'est pas question du conflit des lois religieuses et des lois civiles. La seconde tient précisément à ce conflit, à la sécularisation du mariage en France, et aux conséquences juridiques qu'il convient d'en tirer.

Bien que le Garde des sceaux ait surtout insisté sur la seconde partie, je crois devoir commencer par écarter les difficultés qui tiennent, au premier point de vue, à la règle générale sur la forme des actes. S'il était, en effet, admis que les étrangers en France doivent toujours suivre les formes établies par la loi française, et ne peuvent se présenter que devant des officiers publics français, vainement je démontrerais que la sécularisation du mariage n'a pas eu en France la portée que des auteurs ont voulu lui donner. En effet, le ministre du culte serait toujours incompétent en France pour célébrer un mariage dans la forme établie par le Code civil français.

I. *Objections tirées de la règle : LOCUS REGIT ACTUM.*

La première objection contre la solution que j'ai formulée plus haut est donc tirée de prétendus principes qui régiraient tous les conflits de lois au point de vue de la forme des actes.

Quelques notions historiques sont ici indispensables. Je ne veux cependant pas retracer les vicissitudes du droit international privé. L'histoire du conflit des lois personnelles et des lois territoriales serait hors de proportion avec le sujet que j'étudie. Je me contente donc d'indiquer en quelques mots, quelle a été la tendance du législateur moderne.

Au moyen âge, la personnalité des lois, qui avait été le système appliqué en Gaule après l'invasion des Barbares, disparaît pour faire place à la réalité des lois. La loi applicable à un certain moment et dans un endroit donné est toujours celle du lieu où le conflit d'intérêts est soulevé devant la justice. Le juge ne connaît pas d'autre règle que celle qui est admise par la coutume, qu'il est chargé de faire respecter. D'ailleurs, l'étranger n'a pas de droits véritables, et cette coutume locale est à peu près toujours la coutume de chacune des parties, puisque la partie qui ne serait pas soumise à cette loi n'aurait le plus souvent aucun droit à réclamer en justice. L'ancien principe de la personnalité a entièrement disparu. Aussi je n'invoquerai pas, à l'appui de ma thèse, l'autorité du droit romain dans lequel le pérégrin, au dire de Gaïus, pouvait valablement accomplir à Rome un acte juridique en observant les formes usitées exclusivement dans son pays[1]. Ce principe du droit romain a dû, à un moment donné, disparaître entièrement, et la question est de savoir si le principe a reparu dans la législation moderne. Toutefois, pour être entièrement exact, il est impossible de ne pas signaler l'influence que la renaissance des études de droit romain au XVIe siècle, a pu avoir sur la formation des théories juridiques modernes.

Il est certain, en effet, que depuis le XVIe siècle, le principe de la réalité des lois recule de plus en plus devant le principe de la personnalité. Tant que l'étranger est, en quelque sorte, considéré comme étant hors la loi, ou encore tant qu'on ne lui reconnaît que des droits exceptionnels, accordés comme une véritable faveur, on conçoit que cet étranger ne puisse exercer ses droits, qu'en se mettant en quelque sorte sous la protection de la loi qui les lui confère. La logique juridique le veut ainsi. Mais, peu à peu, l'idée du droit se dégage : ce n'est plus, même pour l'étranger, une concession du pouvoir. L'homme, par cela seul qu'il existe, a des droits que les pouvoirs publics doivent reconnaître et sanctionner sous peine de porter atteinte au droit naturel.

A partir de ce jour, la réalité des lois devait nécessaire-

[1] Gaïus, III, 134.

ment subir un recul considérable. Dès que, dans un pays, on reconnaît la personnalité de l'étranger, on est amené à accepter pour régir cette personnalité sa loi nationale ou la loi de son domicile suivant les temps, c'est-à-dire toujours la loi à laquelle cet individu se rattache plus particulièrement[1]. Aussi de bonne heure, les questions relatives à l'état des personnes, à leur capacité, sont régies par la loi personnelle de chaque individu. L'état et la capacité s'attachent à la personne et pour eux, mieux que pour les successions mobilières dans notre ancien droit, on peut appliquer l'adage : *ossibus personæ inherent.*

En sens inverse, tout ce qui touche aux biens reste naturellement soumis à la loi de leur situation. Cela est de toute nécessité, les choses, surtout les choses immobilières, les seules dont les législateurs s'occupent avec détails, tiennent de trop près à l'état social du pays, à sa souveraineté, à son indépendance, pour que la législation de ce pays ne les étreigne pas en quelque sorte d'une manière absolue, même s'ils appartiennent à un étranger.

Ces principes de raison sont bien ceux qui ont été adoptés par le Code civil. Pour s'en convaincre, il n'y a qu'à lire l'article 3 de ce Code.

Il semble que tous les conflits de législation sont réglés par ce double principe, si on y joint celui en vertu duquel tout ce qui touche à l'ordre public dans un pays ne saurait être régi par une loi autre que celle de ce pays.

Toutefois, des difficultés sérieuses se sont élevées en ce

[1] Quand l'idée de patrie se dégage, quand, dans un même pays, il n'y a qu'une seule coutume, un lien intime rattache l'individu à la loi de ce pays. Mais quand, dans une même nation, il y a des coutumes différentes, le lien de nationalité ne peut plus rattacher la personne à une loi déterminée. Dans ce cas, le domicile apparaît comme le trait-d'union qui rattache plus particulièrement une personne à une loi spéciale. L'individu, dans ce cas, est donc régi quant à son état et à sa capacité par la coutume de son domicile. D'ailleurs, le domicile avait dans l'ancien droit une importance plus grande qu'à l'heure actuelle parce qu'en fait on changeait beaucoup moins facilement de domicile que de nos jours.

qui concerne la forme des actes et les moyens de preuve, et ici je rentre dans le cœur de mon sujet. Les partisans de la réalité des lois n'ont pas manqué de faire observer que le principe général est le principe de la réalité, et que si très justement on y apporte une exception pour tout ce qui concerne l'état et la capacité de la personne, l'exception ne saurait s'étendre au delà. La forme reste toujours régie par la loi du lieu où l'acte est passé, *locus regit actum*. Telle est la maxime qu'on lit dans tous les auteurs anciens qui se sont occupés du conflit des lois, maxime qu'ils ont transmise aux rédacteurs du Code.

En prenant cette règle avec toute la portée que comportent ses termes, à première vue il faudrait conclure : 1° que les actes faits dans la forme usitée dans le pays où ils sont passés sont valables partout et toujours; 2° que les actes passés dans une forme autre que la forme locale ne sauraient être valables, ni dans le pays où ils ont été passés, ni dans les autres, à l'exception peut-être du pays dont on a observé la loi [1].

Faisant application de ces principes à la question qui nous occupe, Demolombe décide que « les mariages, en France, même entre étrangers, sont régis, quant aux formes extérieures et aux modes de preuve, par les lois françaises [2]. » Il faut donc recourir aux seuls officiers de l'état civil institués par le Code civil; par conséquent, l'intervention d'un prêtre catholique n'est possible que dans les conditions déterminées par l'article 54 de la loi du 18 germinal an X.

Si logiquement déduite que paraisse cette solution, elle ne m'en semble pas moins contraire aux principes sainement entendus de la législation française actuelle.

Bien que aucun article du Code civil ne reproduise en

[1] Restriction apportée sous cette forme dubitative par Laurent, *loco citato*.

[2] Demolombe, t. III, n° 234. — Dans le même sens, Aubry et Rau, § 469.

propres termes la règle *locus regit actum* je ne veux aucunement en nier l'existence. Elle a pris naissance dans notre ancien droit. Si le législateur de 1804 ne l'a pas reproduite expressément, il ne faut pas en conclure qu'il a voulu l'abroger. D'ailleurs, il était impossible de ne pas maintenir ce principe de droit, comme je vais l'expliquer un peu plus loin.

Mais si on admet la règle, il faut en bien délimiter la portée. Cette maxime demande à être examinée dans sa raison d'être et dans ses détails, afin de ne pas lui faire produire, suivant l'expression d'un tribun, des conséquences funestes.

Pour l'interprétation de cette règle, plusieurs systèmes ont été proposés. L'un de ces systèmes est absolu; pour ses partisans, la règle *locus regit actum* a un caractère impératif, aussi bien dans les actes sous seing privé que dans les actes authentiques, c'est le système que je viens d'exposer un peu plus haut.

Un autre système est moins absolu : pour les actes authentiques, la règle *locus regit actum* conserverait ce caractère impératif, mais il n'en serait plus de même pour les actes sous seing privé.

Enfin dans un troisième système, dont je m'efforcerai de démontrer le bien fondé, la maxime *locus regit actum* n'a le plus souvent qu'un caractère permissif.

Je tire ma conviction à la fois des principes rationnels, qui ont dû guider le législateur, des travaux préparatoires et des textes législatifs qui démontrent que ces principes ont été réellement admis par les auteurs du Code civil et des lois modernes. Si je parviens à faire pénétrer cette conviction dans l'esprit de mes lecteurs, j'aurai ainsi renversé le premier obstacle qu'on oppose à l'adoption de ma thèse, celui qui est tiré d'un prétendu droit commun contraire sur la forme des actes.

D'abord au point de vue de la nature même des actes juridiques, *en raison*, quel système doit prévaloir?

Des auteurs ont prétendu que d'une manière absolue le premier système répondait seul à la nature intime du rapport juridique, qu'il s'agisse d'actes authentiques ou qu'il s'agisse d'actes sous seing privé; d'autres font une distinction entre ces deux catégories.

A l'appui du système absolu on invoque deux sortes d'arguments, qui ne sont pas fondés d'ailleurs. Le premier consiste à dire, je l'ai déjà indiqué, que la réalité de la loi est la règle et la personnalité l'exception. Cette exception concernant seulement l'état et la capacité des personnes, les questions de forme restent naturellement régies par la loi territoriale, la loi du lieu où l'acte intervient. Les parties ne peuvent donc jamais, à ce point de vue, recourir à leur loi nationale.

Cette conception de la loi doit être écartée. En tant qu'elle a en vue les biens, leur nature, les conditions dans lesquelles ils se transmettent, la loi est naturellement celle de la situation, mais dire que pour tous les rapports il en doit être ainsi, c'est commettre une pétition de principe. D'ailleurs en ce qui concerne la forme des actes, le principe de la réalité de la loi, tel qu'il reste formulé dans l'article 3 du Code civil, n'a pas à intervenir. Si on l'appliquait à la rigueur, ce serait la forme édictée par la loi de la situation du bien, et non celle du lieu où l'acte est passé qui serait applicable.

Ni dans les questions d'état et de capacité, ni dans les questions immobilières, on ne voit pourquoi la loi applicable en ce qui concerne la forme serait nécessairement celle du lieu où l'acte est accompli. Est-ce qu'au contraire il n'y a pas une certaine connexité entre les conditions de l'acte et les formes dans lesquelles il doit être passé. Est-ce que dans les questions d'état et de capacité, en particulier, cette connexité n'existe pas entre la forme de l'acte, la capacité pour l'accomplir et les effets produits? Évidemment oui, si on ne consulte que la raison juridique. Que peut-on alors objecter à ceux qui prétendraient faire un acte juridique se rapportant à leur état dans les formes établies par leur loi nationale?

On a cependant fait une objection d'ordre général. Par cela seul, a-t-on dit, que les parties contractent dans le pays où elles se trouvent, elles se soumettent à la loi de ce pays quant aux formes à observer. C'est par suite de cette soumission que quand un acte a été fait dans la forme locale par une personne quelconque, même un étranger, cet acte est valable.

Cette théorie est inadmissible. Ou bien on entend par là que par le seul fait du contrat passé dans un pays, on se soumet nécessairement à la loi locale pour les formes à observer. Alors je ne vois là qu'une répétition en d'autres termes de la pétition de principes que je viens de signaler.

Ou bien cette soumission est considérée comme volontaire. Dans ce cas cela signifierait seulement qu'on est censé vouloir contracter suivant la loi locale, et que cette loi sanctionne l'acte juridique à raison de cette soumission volontaire, qui a en quelque sorte rendu le contractant sujet de la loi locale. Mais il ne reste plus rien de cette explication quand les parties ont formellement voulu rejeter la loi territoriale pour s'en référer à leur loi nationale.

D'ailleurs, cette explication imaginée pour justifier la règle *locus regit actum* n'a pas l'importance que d'anciens auteurs lui attribuaient. On la conçoit quand il s'agit d'expliquer la validité de l'acte dans le pays où il a été passé; mais elle ne suffit plus quand il s'agit de faire produire à cet acte des effets devant des magistrats régis par une loi à laquelle les parties ne seraient pas soumises. Or, la règle *locus regit actum* ne signifie pas seulement que l'acte accompli dans les formes locales sera valable dans le lieu soumis à la souveraineté de la loi locale, mais bien que cet acte sera valable partout, à moins que dans un endroit il soit contraire à l'ordre public.

On doit donner une autre explication rationnelle de la règle, et qui puisse en rendre compte dans toutes ses parties. En principe, les contractants ne jouissent pas d'une liberté complète au point de vue des formes à suivre pour accomplir un acte juridique. Le législateur le plus souvent n'admet la validité, n'assure l'exécution de l'acte que quand cet acte a été fait dans les formes déterminées par lui. Quelle est la raison de cette exigence? Elle peut être double. La forme juridique a été imposée soit dans l'intérêt des parties, que le législateur a voulu protéger contre leur inexpérience, leur entraînement, soit dans l'intérêt des tiers, afin que ceux-ci avertis de l'acte juridique puissent sauvegarder leurs intérêts légitimes.

Suivant que les formalités ont été édictées pour atteindre l'un ou l'autre but, elles sont naturellement régies au point de vue rationnel par une loi différente. Si c'est l'intérêt des tiers qui prédomine dans la formalité légale, le législateur dans chaque pays a le droit absolu de protéger l'intérêt général comme il le juge le plus convenable. Aussi, dans chaque pays l'acte ne sera valable qu'autant qu'il sera conforme aux conditions exigées dans ce pays, quelle que soit la nationalité des parties contractantes. Par conséquent, quand l'acte doit produire ses effets vis-à-vis des tiers dans le pays où il est passé il doit être fait, au point de vue des conditions exigées en faveur des tiers, dans la forme légale du pays. Mais ce n'est pas en vertu de la règle coutumière *locus regit actum*. En effet, si cet acte doit produire ses effets dans un pays autre que celui où il a été reçu, ce ne sont plus les lois de ce pays qui régiront les formalités, mais bien les lois du pays où les effets juridiques doivent se produire. Un exemple fera aisément saisir ma pensée. Certains législateurs ont exigé pour que la propriété immobilière soit transmise à l'égard des tiers que l'on accomplisse une formalité spéciale, la transcription sur un registre public. S'il s'agit d'un immeuble situé en France, il faudra cette transcription sur le registre du conservateur des hypothèques en quelque lieu que le contrat de vente ait été passé, quelles que soient la nationalité et la législation personnelle des parties. Donc pour cette série de formalités, les parties ne sont pas soumises à la règle *locus regit actum*, ou pour mieux dire elles ne peuvent l'invoquer.

Revenons à l'autre point de vue : nous allons voir que la question est toute différente. D'après un jurisconsulte belge très connu, « dans les conventions ou autres actes on ne tient compte, *en matière de forme*, ni de l'état des parties ni de la situation des biens; la loi règle les formes à raison des mœurs, de la civilisation, de la condition intellectuelle et morale des populations; donc il ne considère pas si les parties sont indigènes ou étrangères, et on ne demande pas quelle est la loi nationale qui les régit; le législateur territorial décide seul, et sa décision est absolue, générale, en ce sens que la loi des formes est une loi du droit des gens, reconnue partout et pratiquée par tous. Tout cela est élémentaire[1]. »

Tout cela n'est pas aussi élémentaire, puisque Laurent lui-même dans ce passage commet une double erreur en déclarant que jamais dans la question des formes on ne tient compte de la capacité des parties, ni de la situation des biens[2]. Il s'agit justement de savoir dans la question si le législateur, quand il édicte une forme de contracter, entend statuer pour tous, même pour les étrangers. Résoudre la question par une simple affirmation en disant que c'est une règle du droit des gens, c'est une pure pétition de principe. Ce qui reste vrai et élémentaire, c'est que le

[1] Laurent, *Le droit civil international*, t. IV, n° 230.

[2] On tient souvent compte de l'état des parties, puisque là où un majeur peut vendre par acte sous seing privé, le mineur ne peut vendre que par adjudication constatée dans un acte authentique. Quant à la situation des biens, elle intéresse au point de vue de certaines formalités; si l'immeuble vendu est situé en France, il faudra transcrire le titre, s'il est situé dans certains autres pays, la vente constatée dans un acte authentique ou sous seing privé sera suffisante pour transférer *erga omnes* la propriété de l'immeuble.

législateur établit les formes à raison de l'état social, des mœurs, du développement moral et intellectuel du peuple pour lequel il édicte des règles. Or, il est évident qu'en ce faisant, le législateur a en vue seulement les habitants du pays pour lequel il légifère, les nationaux et non pas les étrangers. Le législateur a voulu imposer à ses nationaux certaines formes de contracter. La nature des choses semblerait donc vouloir que celui qui appartient à une nation, et qui est particulièrement soumis à la loi qui a été faite pour lui, reste soumis à cette loi partout où il résidera. Il semble que cette loi des formes atteint indirectement la capacité de l'individu. Dire que tel résultat juridique ne sera atteint qu'à la condition de respecter telle ou telle forme, c'est dire d'une manière détournée, mais néanmoins très claire, que les parties sont incapables d'atteindre ce résultat sans recourir aux formes légales. Donc, en principe, puisqu'il est admis maintenant que les règles de capacité, telles qu'elles sont édictées par la loi nationale suivent l'individu partout où il se transporte, il serait logique, que partout l'individu fût astreint à observer les conditions mises par sa loi nationale à l'accomplissement de tel ou tel acte.

Si telle est la conception rationnelle de la forme des actes, et je la crois absolument exacte, il faut avouer que dans sa rigueur elle serait une gêne bien considérable pour celui qui a quitté son pays. La loi qui a imposé à l'individu certaines formes peut exiger le respect de ces formes tant que l'individu reste dans son propre pays, parce qu'elle a mis à sa disposition les moyens d'observer les exigences légales. Il n'en est plus ainsi, le plus souvent, quand la personne se trouve en pays étranger. Il peut lui être impossible en fait de mettre en pratique les règles de formes posées par sa loi nationale. D'un autre côté, si l'acte est l'œuvre de deux personnes appartenant à deux nationalités différentes, il sera encore plus absolument impossible que les parties observent les conditions légales de forme prescrites par leurs lois nationales, si, à ce point de vue, ces lois ne sont pas inspirées par les mêmes conceptions. Il aurait donc fallu, si on avait observé rigoureusement les principes que j'expose, déclarer les personnes le plus souvent *incapables de contracter dans un pays autre que celui auquel elles appartiennent*, et cela au grand détriment des intérêts généraux qui sont liés au développement des relations internationales.

Aussi, on a fait dans ces circonstances application d'un adage de raison : *à l'impossible nul n'est tenu.* Comme dans un pays, on ne peut souvent accomplir un acte qu'en observant les formalités établies par la loi locale, on a décidé que l'acte serait valable, bien que non conforme à la loi personnelle de l'individu, si au moins il était conforme à la loi du lieu où il était passé. Pour formuler cette règle dans un adage très court, on a adopté dans le droit des gens, d'un consentement unanime, la même raison de décider existant partout, la maxime : *locus regit actum.* En réalité, si je conçois bien la règle, il faut dire que l'acte est valable *quoique* fait seulement dans la forme locale, et non *parce que* fait dans cette forme.

Il me semble trouver l'explication exacte de ma manière de voir dans une question juridique quelque peu connexe à celle que j'étudie. La loi établit, en règle générale, qu'on ne peut se marier ailleurs qu'à son domicile. Mais il est utile de rendre possibles les mariages mêmes entre personnes de domiciles différents. Dans la rigueur des principes, ces mariages seraient impossibles, aussi le législateur s'est-il départi de cette rigueur et il a admis que les époux seraient valablement mariés, pourvu qu'ils se présentent devant l'officier de l'état civil du domicile d'une des parties contractantes. Quand il ne peut obtenir le respect absolu du principe, le législateur se contente raisonnablement de le voir observer dans la mesure où cela est possible.

Donc une personne, en dehors de sa patrie, peut suivre les formes légales du pays où elle contracte. Mais si elle peut en fait trouver en pays étranger les moyens d'appliquer sa loi nationale, si elle contracte dans cette forme à laquelle elle est habituée, qui a été faite spécialement pour elle, qui est en rapport avec son état moral et intellectuel, comment déclarer que cet acte ne sera pas valable parce que son auteur n'aura pas observé les formes établies dans le pays où il se trouvait?

Cet acte ainsi accompli, Laurent lui-même l'admet, serait valable dans la patrie du contractant. Mais il faut dire qu'il sera valable partout. Quand on admet l'acte d'un individu en dehors de son propre pays, on songe tout naturellement à un acte accompli par lui dans son pays. C'est là le fait normal. On le considère donc comme valable quand il a été accompli dans la forme établie par la loi nationale du contractant. Pourquoi en serait-il autrement quand l'acte exceptionnellement a été passé dans un autre pays? On ne voit à cette solution aucune raison plausible.

Les principes rationnels que je viens d'exposer ont guidé le législateur italien de 1865, le seul législateur qui se soit occupé sérieusement des principes du droit international et de la solution des conflits de loi.

« La forme des actes, dit l'article 9 du Code civil italien, est déterminée par la loi du pays où ils sont passés. Mais les contractants ont la faculté de suivre la forme établie par leur loi nationale, pourvu que cette loi soit commune à toutes les parties contractantes[1]. »

Le législateur du Code civil a-t-il été inspiré des mêmes principes bien qu'il ne les ait pas exprimés?

Il est assez difficile, au premier abord, de déterminer exactement sa pensée. Dans le projet de Code civil on avait introduit un article 4 ainsi conçu : « La forme des actes est

[1] Le forme extrinseche degli atti tra vivi e di ultima volontà sono determinate dalla legge del luogo in cui sono fatti.

E pero in facolta dé disponenti o contraenti di seguire le forme della loro legge nazionale, purche questa sia comune a tutte le parti (art. 93, Code italien).

réglée par les lois du pays dans lequel ils sont faits ou passés. » Mais cet article, qui semblait donner raison à mes adversaires, a disparu, et il est bien difficile d'admettre que si le législateur avait approuvé le principe énoncé dans l'article 4 du projet, il l'eût rejeté sous le seul prétexte que le principe énoncé dans cette disposition trouverait mieux sa place dans un ouvrage de doctrine que dans une œuvre législative.

La raison du rejet est tout autre. Cette modification a été apportée sur la demande du Tribunat. Dans cette assemblée, la discussion fut assez vive; les uns demandaient le maintien pur et simple du projet, les autres réclamaient le rejet à cause de l'article 4. Mais une constatation qu'il convient de faire dès le début, c'est que tous, partisans et adversaires de l'article 4, en rejetaient le caractère absolument impératif. Même ceux des tribuns qui y voyaient une règle générale ajoutaient que « cette règle a comme toutes les autres ses exceptions dont il fallait l'accompagner et dont on n'a pu la séparer sans danger[1]. » Le tribun Thiessé disait : « il n'y a qu'une opinion sur le danger de légaliser les maximes générales[2], » « parce que, ajoutait un autre tribun, elles sont sujettes à de fréquentes exceptions, parce qu'elles deviendraient fertiles en applications fausses, en conséquences funestes[3]. » C'est sur cette conclusion du tribun Andrieux que le Corps législatif repoussa le projet. Le Conseil d'État présentant plus tard un nouveau projet, mit à profit les critiques du Tribunat, et ne reproduisit plus la disposition de l'article 4.

De cet exposé historique on peut tout d'abord conclure que le législateur du Code civil n'a pas admis, avec un sens absolu, la règle : *locus regit actum*. Les auteurs, et ils sont nombreux, qui se sont contentés d'énoncer cette maxime

[1] Discours du tribun Chazal. Fenet, t. VI, p. 74.
[2] Discours du tribun Thiessé. Fenet, t. VI, p. 121.
[3] Discours du tribun Andrieux, rapporteur du Tribunat au Corps législatif. Fenet, t. VI, p. 241.

pour déclarer que tout mariage contracté en France entre deux étrangers est nécessairement soumis aux formes du mariage civil, n'ont rien démontré : ils ont fait fausse route et leur autorité ne peut servir de guide ni entraîner l'adhésion du jurisconsulte.

Quel est donc le sens que les rédacteurs du Code ont entendu donner à la règle *locus regit actum?* D'une manière générale, même pour ceux qui voulaient conserver l'article 4 du projet, cette maxime avait un sens permissif. « L'article 4 est nécessaire, disait le tribun Portiez, pour garantir au commerçant la validité des actes dans lesquels on se serait conformé aux formes reçues dans les divers pays où ces actes pourraient avoir été faits et passés[1]. » Pour ce tribun, la loi naturelle régissant la forme était donc la loi nationale, puisqu'il fallait que cette loi reconnût par faveur, j'entends par faveur pleinement justifiée, la validité de l'acte passé dans les formes de la loi locale. C'est bien l'adoption par les auteurs du Code civil des principes rationnels que j'ai exposés sur la forme des actes au point de vue juridique.

Je pense avoir démontré que, au point de vue de la raison, ainsi que dans la pensée des rédacteurs du Code civil, au moins d'une manière générale, la règle *locus regit actum* ne doit pas être considérée comme impérative mais bien comme permissive. « Le Français à l'étranger ou l'étranger en France, dit M. Lehr, peut avoir les plus sérieux motifs pour s'adresser au fonctionnaire du lieu de sa résidence, et ne pas aller chercher chez eux ceux de son propre pays, au prix d'un long et pénible voyage. Voilà pourquoi il est de principe international que l'acte célébré par un Français à l'étranger et *vice versa*, est valable s'il l'a été conformément à la *lex loci*, et toute réserve faite en ce qui concerne le statut personnel. Voilà pourquoi aussi les agents diplomatiques et consulaires sont réputés compétents pour une

[1] Discours du tribun Portiez, Fenet, t. VI, p. 227.

série d'actes concernant leurs propres nationaux à l'étranger[1]. » Par conséquent, tout acte fait par un Français en pays étranger, en suivant la forme française doit être valable. En sens inverse, tout acte accompli en France par des étrangers d'après leur loi nationale sera aussi valable. Cette validité ne me paraît pas douteuse en France d'après les principes rationnels que je viens d'exposer et qui ont été ceux des rédacteurs du Code civil. Elle devra être aussi admise dans tous les pays qui appliquent les mêmes principes que nous au point de vue du conflit des lois. D'ailleurs, pour ma thèse, il me suffit d'établir que l'acte accompli en France dans les formes édictées par la loi nationale des parties sera valable en France.

Un certain nombre d'auteurs admettent le caractère permissif de la règle *locus regit actum* quand il s'agit d'actes sous seing privé. Mais par suite de principes qui ne tiennent plus absolument à la loi de la forme, mais à d'autres considérations, ces mêmes jurisconsultes déclarent que l'acte authentique, supposant l'intervention d'un officier public, doit toujours être accompli dans la forme déterminée par la loi du lieu où l'acte est passé.

A première vue, cette distinction a quelque chose de séduisant. Elle semble même confirmée dans notre législation par un article du Code civil (art. 999). Le Français en pays étranger peut faire son testament par acte sous seing privé, en se conformant à la forme française déterminée par l'article 970 du Code civil. Il peut encore faire son testament par acte authentique, mais dans les formes usitées dans le lieu où cet acte sera passé. Cet article semble bien être l'application d'un principe en vertu duquel tout acte exigeant l'intervention d'un officier public est nécessairement régi, quant à la forme, par la loi locale parce que le seul officier public qui puisse intervenir est l'officier public institué par la loi du pays, et qu'il ne peut suivre

[1] Lehr, dans le *Journal du droit international privé*, année 1883, p. 660.

dans ses actes d'autres formes que celles prévues par la loi locale.

Le Code civil aurait donc abrogé sur ce point les dispositions de l'article 24 du livre I, du titre II de l'ordonnance de 1681, qui donnait compétence aux agents consulaires français en pays étranger. Cette ordonnance, d'ailleurs, ajoutait-on, était contraire aux véritables principes du droit international.

Les actes authentiques, en effet, supposent l'intervention d'un officier public, les actes de mariage, en particulier, supposent chez presque tous les peuples civilisés[1], l'intervention d'un dépositaire de l'autorité publique. « Et, dit Laurent, qui a pouvoir d'instituer dans un pays ces officiers ayant le droit d'instrumenter? Évidemment le souverain et le souverain seul. En effet, les fonctionnaires varient d'après l'état politique du pays : ici c'est un ministre du culte qui célèbre les mariages, là c'est un officier civil, tous reçoivent leur mission du souverain... Il est légalement impossible que des actes reçus par des agents français, dans un pays où ils *n'ont pas le droit d'instrumenter* aient la même force que les actes dressés par des officiers locaux, qui seuls ont le pouvoir d'instrumenter dans le pays où ils exercent leur ministère. Ma conclusion est que les actes de l'état civil reçus par les agents extérieurs n'ont de valeur légale qu'en France, parce que c'est la loi française seule qui les reconnaît, tandis que les actes reçus par les officiers locaux sont reconnus dans tous les pays par le droit des gens, en vertu de la règle *locus regit actum*[2]. »

[1] Je dis que chez *presque* tous les peuples civilisés le mariage suppose l'intervention d'un officier public, une solennité. Il n'est pas vrai de dire avec M. Fiore que chez tous les peuples civilisés il faut une célébration solennelle de l'union conjugale. En effet, dans l'État de New-York, le mariage n'est assujetti à aucune formalité; il suffit pour former une union légitime du consentement réciproque des époux. V. Jugement du tribunal de la Seine, 20 avril 1891, dans *Journal du droit international privé*, année 1891, p. 932.

[2] Laurent, *Le droit civil international*, t. IV, n° 246.

Cette théorie de Laurent est loin d'être à l'abri de toute critique. Il est bien exact que l'officier public étranger, quand on recourt à son ministère, ne peut observer que sa loi nationale, et suivre que les formes qu'elle établit. Mais un officier public français ne pourrait-il pas, légitimement, avoir mission et pouvoir de recevoir les actes intéressant les Français en pays étranger? C'est là le point qui me paraît erroné dans la théorie du jurisconsulte belge. Il semblerait, en lisant la page que j'ai transcrite plus haut, que la présence de l'officier public communique à l'acte passé par devant lui quelque chose de la puissance publique qui a institué cet officier. Ce point de vue ne paraît pas exact sans distinction.

Dans un certain nombre d'actes, à raison de leur importance, le législateur exige la présence d'un officier public. Est-ce à dire que la force même de l'acte juridique, son principe, proviennent de l'intervention de l'officier public? Non évidemment. C'est bien la volonté des parties qui demeure la seule base de l'acte. Prenons la matière du mariage qui nous occupe et qui intéresse à un si haut point l'organisation sociale; c'est la volonté même des époux qui crée l'état de mariage, et, suivant l'expression de Merlin, l'officier de l'état civil n'y intervient qu'en qualité de *témoin authentique*[1]. Dans cet acte juridique qui met en jeu autre chose que des intérêts privés, le maire de la commune joue-t-il un rôle actif? Agit-il comme dépositaire d'une parcelle d'autorité, et noue-t-il réellement le lien qui va désormais unir les deux époux? Met-il dans l'acte juridique quelque chose qui ne soit contenu dans la volonté des parties? Non. Quand on réfléchit aux formalités du mariage on voit que le maire après avoir demandé aux conjoints l'échange de leur consentement, constate l'accomplissement des formalités légales et, par une formule solennelle (en 1803 on aimait beau-

[1] Merlin, *Répertoire*, v° *Mariage*.

coup la solennité dans la formule), il tire de cet accomplissement la conséquence déterminée par la loi : désormais, conformément à la loi, les deux personnes, qui se sont présentées devant le maire, sont unies par le mariage. Dans cette circonstance le maire n'exerce aucune autorité, ne communique aux époux aucune parcelle de la souveraineté, sa volonté est *inopérante*, il ne peut point ne pas constater le fait qui a été accompli devant lui. Quand deux personnes ont déclaré qu'elles se prenaient pour mari et femme (et que la loi a été observée), le maire ne peut refuser de prononcer la formule légale qui constate ce nouvel état des personnes. Est-ce qu'un officier de l'état civil a une part quelconque à la naissance d'un enfant parce que, officiellement, il est seul chargé de constater cette naissance? Dans tous ces actes, suivant une autre expression de Merlin, l'officier de l'état civil *n'exerce qu'un ministère inactif.*

Je ne vois pas alors comment l'envoi d'un officier public français dans un pays étranger serait une atteinte portée à la souveraineté de ce pays. Ce serait exact, s'il s'agissait d'officiers dépositaires d'une partie de l'autorité publique. Ce serait évidemment, de la part d'un gouvernement, porter atteinte à la souveraineté d'un autre pays, que de vouloir établir dans ce pays des officiers et fonctionnaires prétendant donner des ordres aux dépositaires de la force publique; mais il n'y a rien de semblable dans notre matière. D'ailleurs si on entrait dans l'ordre d'idées exposé par Laurent, on aboutirait à une conséquence à laquelle il n'a sans doute pas mûrement réfléchi. Le souverain, dit-il, peut seul donner à une personne le pouvoir d'instrumenter, parce qu'il lui délègue une partie de l'autorité. Mais de ce principe découle naturellement la conséquence que les actes accomplis par le dépositaire de l'autorité souveraine ne vaudront, en tant qu'émanant de cette souveraineté, que dans le pays soumis au souverain délégant. En dehors des frontières, l'acte est celui d'un simple particulier. Aussi bien ce point est incontestable. L'acte revêtu par un agent étranger d'une forme permettant le recours direct aux agents de la force publique pour en assurer l'exécution, n'aura pas en France d'autre force que l'acte émané simplement des parties. Ce que le dépositaire de l'autorité y avait ajouté, de par l'autorité dont il était revêtu, tout cela disparaît à la frontière, et si on veut faire exécuter cet acte en France, il faudra demander au tribunal, dépositaire de l'autorité en France, de lui communiquer la force exécutoire qu'il ne peut avoir par lui-même. En est-il ainsi du mariage? Non évidemment. Le mariage contracté dans un pays vaut, non seulement dans ce pays, mais dans toutes les contrées civilisées de la terre. C'est une preuve palpable que l'intervention dans certains pays d'un officier public pour la célébration des mariages, n'a pas pour but et pour effet de faire reposer le mariage lui-même, à quelque point de vue que ce soit, sur l'autorité publique. Ce qui repose sur l'autorité publique ne peut aller plus loin que cette autorité.

On ne voit donc pas comment le fait de faire constater authentiquement un acte de naissance ou un testament par les consuls français considérés comme étant pour les Français des officiers publics sous la protection desquels ils sont spécialement placés, porte plus atteinte à la souveraineté du pays dans lequel on se trouve, que la rédaction d'un acte sous seing privé dans les formes établies par la loi française, spécialement à l'usage des mêmes Français.

D'ailleurs, cette prétendue distinction entre l'acte authentique et l'acte sous seing privé, qu'on prétend mettre sous le patronage d'un article du Code civil, n'est pas conforme à notre loi, même en ce qui concerne les testaments dont il est cependant question dans l'article 999. Il ne saurait plus être controversé que les consuls français puissent recevoir légalement des actes publics de testament. Quelles que soient les difficultés qu'ait soulevées l'article 999 du Code civil, elles n'existent plus depuis la loi du 8 juin 1893.

L'article 988 du Code, réformé par cette loi, déclare que les consuls français peuvent être investis en pays étranger des fonctions de notaires et y recevoir des testaments, conformément à la loi française, quand le testateur est français[1].

Rien donc dans la nature intrinsèque de l'acte authentique ne nous force à établir, au point de vue qui nous occupe, une différence entre cet acte et l'acte sous seing privé. Par conséquent, je puis conclure que la règle *locus regit actum* est d'une manière générale absolument permissive.

Ce qui précède suffit pour repousser la doctrine de l'arrêt précité de la Cour de cassation de Belgique : « Attendu, dit-elle, qu'on invoquerait en vain le statut personnel puisqu'il ne s'agit pas de capacité des personnes pour contracter mariage, mais des formes constitutives d'un acte de mariage en Belgique, et par conséquent réglées par les lois belges pour les formalités qui le constituent d'après la règle *locus regit actum*..... Indépendamment des statuts personnel et réel, il y en a une troisième espèce, ce sont ceux qui régissent les formes des actes[2]. »

A supposer, et je ne nie pas que ce soit exact, qu'il y ait une troisième catégorie de statuts, ceux relatifs à la forme, il ne s'ensuit pas que cette forme des actes ne soit point soumise naturellement à la loi des contractants. Mais à la différence du statut personnel qui suit nécessairement les

[1] L'article 999 du Code civil peut être expliqué fort simplement. Le législateur a pris les hypothèses qui se réaliseront le plus souvent en fait. Le testateur français, qui fait un testament olographe, son œuvre absolument personnelle, observera la loi française ; le testateur qui veut faire un testament authentique, ne se trouvant le plus souvent qu'en présence d'un officier public étranger, suivra naturellement la loi étrangère. Mais cela ne signifie pas qu'il lui serait interdit de suivre la loi française s'il en avait en réalité la possibilité de fait. Cet article bien interprété vient donc à l'appui de ma thèse loin d'y être contraire.

[2] Cour de cassation de Belgique, 10 janvier 1852. Dalloz, 1871.5. 259.

personnes en pays étranger, le statut des formes pour des raisons d'utilité pratique, ne les suit pas toujours. La personne, qui doit toujours respecter sa loi nationale lorsqu'elle touche à son état ou à sa capacité, peut ne plus observer cette loi pour la forme à suivre. En vertu de la règle *locus regit actum,* elle a, dans le statut des formes, la faculté de toujours suivre la loi du lieu où elle se trouve.

J'ai posé ce que je crois être les véritables principes généraux sur la forme des actes et j'ai démontré que cette conception est conforme à la fois à la raison et aux idées de notre législateur, telles qu'on peut les apercevoir dans les travaux préparatoires. Il me reste maintenant à montrer que ces principes s'appliquent en matière de mariage aussi bien que dans les autres questions. Là encore j'invoquerai les données de la raison et l'opinion des rédacteurs du Code civil.

Au point de vue de la raison, la question des formes en matière de mariage est moins que dans toute autre indépendante des conditions de capacité. Tout ce qui concerne le mariage est en principe du statut personnel et les questions de forme touchent souvent ici au fond même du droit.

Ainsi, il y a des législations qui considèrent comme un concubinage toute union entre l'homme et la femme lorsque cette union n'a pas été sanctionnée par l'Église, par conséquent, chaque fois que le mariage n'a pas eu lieu en la présence d'un ministre du culte qui doit communiquer à cette union le caractère religieux que Dieu a lui-même donné au mariage. Donc quand deux personnes appartenant à un pays qui reconnaît la législation canonique se trouvent en France, elles ne seront pas valablement mariées lorsqu'elles se seront seulement présentées devant le maire de la commune qu'elles habitent. Sans cela, ici, le statut des formes l'emporterait sur le statut personnel déterminant les conditions d'existence et de validité du mariage, or la forme ne peut prévaloir sur le fond.

Même dans les hypothèses où il ne s'agit que d'une pure

question de forme, et où par conséquent les parties peuvent suivre la loi locale en vertu de la règle *locus regit actum*, entendue comme je l'ai fait, la forme est si intimement liée au fond qu'il est facile de voir que la loi le plus naturellement applicable est la loi nationale des parties.

De quoi s'agit-il au fond dans le débat? De savoir à quelles conditions deux personnes de nationalité française, ou de nationalité étrangère, doivent être considérées comme mari et femme. C'est bien là une question d'état, et par conséquent une de celles qui rentrent dans le statut personnel. C'est donc une question qui, naturellement, dans tous les pays civilisés, est régie par la loi nationale des parties, pour les Français par notre Code civil, et pour les étrangers par les lois de leur pays (art. 3 du Code civil). Une seule restriction doit être admise, c'est lorsque la loi nationale des époux blesserait l'ordre public dans le pays où ils se trouvent (même art. 3)[1].

On pourrait donc poser en principe, en droit international, que, en ce qui concerne même les conditions de forme, les personnes quant au mariage restent naturellement soumises aux conditions exigées par la loi de leur pays et cela même si elles se trouvent en pays étranger. C'est par faveur seulement, par suite de nécessités pratiques, qu'on admet que le mariage peut avoir lieu dans la forme usitée dans le pays où on se trouve. Je ne reviens pas sur le développement de cette idée.

Donc dès que la loi nationale de deux époux déclare, comme le fait la loi de l'État de New-York, que le simple consentement échangé entre deux personnes les rend mari et femme, ces personnes sont dans l'état d'époux légitimes dès que ce consentement est échangé en quelque pays que soit intervenu l'accord de volonté. Donc encore si la loi nationale déclare que l'échange de consentement doit s'ef-

[1] Il faut bien reconnaître en passant que les règles de forme violeront très rarement l'ordre public ou les bonnes mœurs.

fectuer de telle ou telle manière, il faut dire que, partout où, en fait, ces personnes auront pu donner leur consentement dans la forme requise par leur loi nationale, ces personnes seront aussitôt mari et femme. Et cela est d'ailleurs très rationnel. On a constaté avec raison que les exigences de formes varient avec l'état des mœurs, l'éducation donnée aux personnes, la civilisation des différents peuples. Il me semble que, en ce qui concerne le mariage, ce sont les mœurs du pays d'où les époux sont originaires et où ils ont reçu leur éducation qu'il faut avoir principalement en vue.

Cette doctrine est d'ailleurs en parfait accord avec une solution admise par la majorité des auteurs et par la jurisprudence. Du principe que l'état et la capacité des personnes sont réglés par les lois de la nation à laquelle elles appartiennent, la Cour de cassation de Belgique a tiré la conséquence suivante : « Les dispositions d'un jugement rendu en pays étranger sur le statut personnel d'un citoyen de ce pays, ont force de chose jugée en Belgique, les tribunaux belges appelés à leur donner l'*exequatur* n'ont pas à les réviser à moins qu'ils ne soient contraires à l'ordre public[1]. » La cour de Paris a admis la même solution comme une application des principes généraux qui règlent la matière : « Considérant qu'il est de principe que l'état et la capacité des personnes sont régis par la loi de leur nationalité, et que en ce qui touche l'état et la capacité, les jugements rendus à l'étranger peuvent être invoqués en France sans qu'il y ait lieu de demander une décision d'*exequatur*[2]. » En conséquence, ajoute un auteur, « le mariage dont la nullité ou la dissolution a été prononcée à l'étranger par les tribunaux *compétents*, est par cela seul inexistant chez nous[3]. » Il faudrait aussi évidemment tenir pour valables

[1] Cour de cassation de Belgique, 19 janvier 1882. Dalloz, 1882.2.81.
[2] Cour de Paris, 23 février 1888. Dalloz, 1888.2.203.
[3] Weiss, *Traité élémentaire de droit international privé*, p. 960.

en France les mariages qui auraient été déclarés tels par les tribunaux du pays auquel appartiennent les époux[1].

Les tribunaux français n'ont pas cru que cette solution fût une atteinte portée à la souveraineté territoriale, et la cour de Paris nous en donne une raison que j'ai moi-même exposée plus haut. « Il est nécessaire de recourir à l'*exequatur* lorsqu'une partie veut poursuivre l'exécution forcée d'une décision prononcée à l'étranger..... L'autorité française ne pourrait pas être mise en demeure d'agir en vertu d'un jugement pris à l'étranger sans qu'au préalable il ait été rendu exécutoire en France par l'*exequatur*[2]. » Quand il s'agit d'un jugement déclaratif de l'état des parties, ce jugement n'adressant aucune injonction aux autorités françaises dépasse les frontières du pays où il a été rendu, et, comme la loi personnelle, suit la personne.

Et il ne pouvait pas en être autrement dans un pays où les tribunaux ne se reconnaissent pas en principe compétence pour statuer sur l'état et la capacité des personnes de nationalité étrangère[3].

Mais si le jugement déclaratif de droit suit l'étranger en France comme conséquence, ou comme accessoire des lois sur l'état des personnes, il est bien évident que ces mêmes lois, lorsqu'elles sont purement déclaratives de l'état des

[1] En ce sens, jugement du tribunal d'Annecy, 7 mai 1884, et du tribunal de la Seine, 27 janvier 1885, dans *Journal du droit international privé*, année 1885, p. 438 et 444. — Demolombe, t. I, § 103. — Aubry et Rau, t. I, § 31. — Brocher, t. III, p. 160 et suiv.

[2] Arrêt précité du 23 février 1888.

[3] Cassation, 26 novembre 1828. Sirey, 1829.1.9; — Cassation, 18 août 1847. Sirey, 1847.1.645; — Cour de Lyon, 25 février 1857. Sirey, 1857.2.625; — Cour de Paris, 15 juin 1861. Sirey, 1861.2.245; — Cour de Bastia, 8 décembre 1863. Dalloz, 1864.2.1; — Cour d'Alger, 4 mars 1874. Sirey, 1874.2.103; — Tribunal de la Seine, 5 mai 1880. *Journal du droit international privé*, année 1880, p. 290. — Aubry et Rau, t. VIII, § 748 *bis*. — Demolombe, t. I, n° 261. — Demante, t. I, n° 29 *bis*-IV. — Bonfils, *De la compétence des tribunaux français à l'égard des étrangers*, n. 173 et suiv.

personnes sont applicables partout, même dans les pays qui ne sont pas soumis à ces lois. Il ne doit pas en être autrement pour les lois relatives à la forme dans laquelle les mariages des étrangers pourront être célébrés en France. Quand un mariage, en effet, a eu lieu en France, dans les formes établies par la loi nationale des époux, et qu'on en demande la nullité, quel est le tribunal compétent? C'est, d'après la jurisprudence, le tribunal de l'étranger. Or la loi de ce tribunal ayant été observée il est certain qu'il déclarera valable ce mariage. Si plus tard on conteste à ces époux la qualité d'époux légitimes, si on s'oppose à l'exercice des droits que cette qualité leur confère, ils se présenteront devant le tribunal français ayant à la main le jugement qui les déclare mari et femme et le tribunal français, la jurisprudence est formelle en ce sens, ne pourra reviser le procès, il devra tenir pour existante cette qualité d'époux qui appartient à l'étranger.

Tout s'enchaîne donc dans cette question pour faire admettre que l'étranger en France pourra se marier d'après la loi de son pays, même quant aux formes, lorsque en fait le recours à ces formes sera possible.

Il semblerait résulter de là que tout mariage devrait partout et toujours être célébré dans les formes légales du pays des contractants. Mais j'ai déjà indiqué comment intervient la règle *locus regit actum*, comment elle permet de recourir à la loi du lieu parce que il est souvent impossible d'observer en fait la loi nationale[1]. Toutes ces notions développées pour les actes en général s'appliquent aux mariages.

[1] Quand je dis que la règle *locus regit actum* est une règle de faveur, c'est pour indiquer le motif général qui l'a fait admettre. Mais je ne prétends nullement que quand deux Français contractent mariage en pays étranger, il leur faudra d'abord prouver qu'ils ne peuvent recourir à un consul français avant de pouvoir se marier dans les formes établies par le statut local. Le droit des gens admet d'une manière générale la règle *locus regit actum*.

Ces déductions rationnelles sont d'ailleurs pleinement confirmées pour les mariages par les travaux préparatoires du Code civil. Pour le conseiller d'État Thibaudeau la faculté pour le français en pays étranger de suivre les formes établies dans le pays où il se trouve est une permission de la loi française qui régit naturellement tout ce qui concerne le mariage des Français même les questions de forme[1].

Le tribun Chabot admet cette faculté de suivre la loi étrangère, parce que le Code « ne pouvait exiger pour ces actes les formes qu'il a établies pour ceux faits en France[2]. »

Enfin le tribun Siméon, dans le rapport fait au Tribunat sur la même question, est encore plus explicite si c'est possible. « Après avoir préparé aux Français les moyens les plus authentiques de constater leurs mariages, il faut leur accorder au besoin des moyens subsidiaires... Par le même principe, si un Français n'est pas à portée de recourir aux registres de sa patrie, s'il se trouve en pays étranger, il pourra à son choix employer les formes et les registres établis dans le pays, ou s'adresser aux agents de sa nation qui y résident[3]. »

Le caractère permissif de la règle *locus regit actum*, et son application à la célébration du mariage me paraissent suffisamment démontrés par les considérations d'ordre théorique et par les extraits des travaux préparatoires que j'ai rapportés. Toutefois ces considérations théoriques ont été combattues, les travaux préparatoires sont souvent contestés par ceux à qui on les oppose; on prétend que ces idées théoriques émises dans la discussion n'ont pas toujours été adoptées par le législateur. Il me faut donc continuer ma démonstration afin de faire entrer dans l'esprit de tous la conviction que la théorie que je soutiens est non seulement la plus rationnelle, la plus conforme aux idées

[1] Exposé des motifs du titre *du Mariage*. Locré, t. III, p. 139.
[2] Discours du tribun Chabot. Locré, t. III, p. 228.
[3] Rapport du tribun Siméon. Locré, t. III, p. 207.

du législateur telles que nous les ont transmises les travaux préparatoires, mais encore qu'elle est la seule qui puisse rendre compte des solutions édictées par le législateur du Code civil et par les législateurs qui lui ont succédé.

En dehors, en effet, des principes énoncés d'une manière aussi claire par des tribuns ou des conseillers d'État, il y a un texte législatif d'une grande importance dans la discussion de la question : c'est l'article 48 du Code civil. « Tout acte de l'état civil des Français en pays étranger (par conséquent tout mariage) sera valable, s'il a été reçu, conformément aux lois françaises, par un agent diplomatique ou par les consuls. » Comment expliquer cette disposition législative si on n'admet pas le système que je propose. Dans ce système tout est simple. La règle *locus regit actum* étant provisoire, le Français peut recourir à la forme usitée dans le pays où il se trouve, mais il peut aussi recourir à la forme française s'il se trouve à proximité d'un consulat. Au consulat le Français trouvera, en effet, un officier public que la loi française désigne comme témoin nécessaire du mariage; il pourra donc, en vertu des principes généraux du droit international, tel que le conçoit le législateur français, contracter valablement mariage.

Pour les adversaires de ce système, au contraire, rien de plus difficile à justifier, que cette disposition légale, il faut même dire que toute explication raisonnable est impossible.

On a voulu justifier cet article du Code, en dehors du système que je soutiens, en invoquant un prétendu principe d'exterritorialité, principe admis en droit des gens, et en vertu duquel les agents diplomatiques français, tout en résidant en pays étranger, devraient néanmoins être considérés comme exerçant leurs attributions sur le sol français. Par conséquent, dit-on, on ne peut tirer de ce texte aucun argument pour déclarer qu'en principe une personne peut contracter partout mariage dans les formes de sa loi nationale.

Après les développements qui précèdent, il serait facile à mon avis, de voir sans plus ample démonstration que l'article 48 du Code civil s'explique beaucoup plus simplement dans le premier système que dans le second. Mais il convient de prouver que la seconde interprétation est non seulement compliquée mais fausse. Ce faisant, j'écarterai d'abord une doctrine erronée; de plus, je montrerai dans l'article 48 une application très nette du principe énoncé par les tribuns et par les conseillers d'État, principe qui est le mien.

Donc la théorie de l'exterritorialité est fausse, inefficace pour expliquer les textes et aboutit à des conséquences que les jurisconsultes et la jurisprudence repoussent. C'est ce que je vais démontrer. D'ailleurs cette théorie en elle-même, bien que reproduite encore par des arrêts récents, est fortement battue en brèche dans son principe même.

Constatons tout d'abord qu'en droit des gens, la théorie de l'exterritorialité a été imaginée pour expliquer les privilèges dont ont toujours été revêtus les représentants des États étrangers. Mais cette théorie n'était appliquée qu'aux agents diplomatiques, à ceux qui représentent réellement la souveraineté de l'État qui les envoie. L'article 48 du Code civil, reproduit par la loi du 8 juin 1893, est beaucoup plus large et s'applique aux agents consulaires qui ne jouissent pas des privilèges de l'immunité diplomatique. Donc cette explication de l'article 48 par l'exterritorialité pourrait être rejetée *à priori,* même si en un point elle était fondée, puisqu'elle ne pourrait rendre compte du texte dans son ensemble.

Mais il faut rejeter complètement la théorie en elle-même. Sur quoi repose le prétendu principe, quelle en est la genèse? De tout temps les agents diplomatiques, représentant leur souverain, ont été considérés comme devant jouir d'un certain nombre de privilèges, d'immunités. Ces immunités sont nécessaires pour leur permettre de remplir la délicate mission qui leur est confiée, et qui a paru de nature à maintenir entre les peuples des relations pacifiques. Parmi ces privilèges figurent : 1° le droit pour un diplomate étranger de n'être pas poursuivi devant les tribunaux français, soit civils, soit criminels, à raison des actes accomplis par lui; 2° le droit de n'être pas soumis aux règles de police, et la faculté de ne pas admettre dans l'hôtel de l'ambassade les agents de la force publique du pays dans lequel il est accrédité. Ces deux immunités ou privilèges une fois admis et constatés dans la pratique, les auteurs anciens en ont cherché la justification, et ils n'ont rien trouvé de mieux que le prétendu principe d'exterritorialité de l'hôtel de l'ambassade. Les ambassadeurs, accomplissant un acte de leur mission, ne conserveraient donc leur pleine et entière indépendance, ne seraient considérés comme n'étant pas soumis à la souveraineté française, que parce qu'ils seraient en quelque sorte toujours sur le territoire de leur propre pays.

Cette justification donnée par les jurisconsultes, et admise pendant longtemps parce que, ayant paru commode, elle a été répétée d'auteurs en auteurs, cette justification ne mérite pas la vogue qu'elle a eue. Elle est insuffisante et inutile.

Elle est insuffisante pour faire respecter les privilèges que je viens d'énumérer. Sans entrer dans les détails je n'ai qu'à rappeler par exemple que toute obligation contractée par un étranger envers un Français, même en pays étranger, est de la compétence des tribunaux français (Code civil, art. 14). D'un autre côté, les tribunaux de répression sont quelquefois compétents pour juger et punir des infractions commises en pays étranger même par des étrangers (Code d'instruction criminelle, art. 7).

L'explication, insuffisante d'un côté, est d'un autre côté inutile pour justifier ces mêmes privilèges. Il suffit pour les expliquer de remarquer qu'ils sont nécessaires à l'accomplissement de la mission confiée à l'agent diplomatique. Bien qu'étant à tous points de vue partie intégrante du territoire français, l'hôtel de l'ambassade est momentanément soustrait à l'autorité des agents de la force publique parce que cela est jugé nécessaire pour assurer la sécurité et le respect dû à la dignité de ces ambassadeurs. Il est donc inutile de considérer les agents diplomatiques comme agissant sur le territoire de leur propre pays quand ils font un acte dans l'hôtel de l'ambassade. Des auteurs, entre autres Laurent, ont démontré que cette fiction de l'exterritorialité est contraire à la nature même de la mission confiée aux ambassadeurs.

« Si le souverain, dit Laurent, envoie un ambassadeur auprès d'une puissance étrangère, c'est parce qu'il ne peut faire ce qu'il charge son envoyé de faire en son nom. Il est donc de l'essence des fonctions de l'ambassadeur que celui-ci soit présent là où il doit remplir son ministère. Or, la fiction veut qu'il ne soit pas présent là où sa présence est nécessaire, et qu'il soit censé se trouver dans l'État de son souverain, là où sa présence n'a pas sa raison d'être, puisque le représentant n'a rien à faire là où se trouve le représenté... L'exterritorialité, conclut Laurent, est bien la plus absurde des fictions qui ait jamais été imaginée[1]. »

On ne peut donc introduire dans la discussion de la compétence des consuls et des agents diplomatiques français pour recevoir des actes de mariage cette théorie de l'exterritorialité. D'ailleurs, à ce point de vue, la fiction conduirait plus loin que ne l'admettent les auteurs et la Cour de cassation. La loi française reconnaît bien le mariage contracté entre deux personnes de nationalité française devant nos agents diplomatiques et consulaires; mais

[1] Laurent, *Le droit civil international*, t. IV, p. 408 et suiv. — Conf. Même ouvrage, t. III, p. 1-39. — Dans le même sens, Bonfils, *De la compétence des tribunaux français*, p. 390 et suiv. — Montanari-Revest, *Le droit international*, p. 193. — Crouzet, *De l'inviolabilité et de l'exemption de juridiction civile et criminelle des agents diplomatiques*, p. 68 et suiv. — Demangeat, *Journal du Palais*, 1875, p. 92. — Villefort, *Revue pratique*, t. XIII, p. 129.

faut-il admettre que le mariage pourrait encore être célébré ainsi entre un Français et une étrangère? La loi belge a décidé que le consul de Belgique pouvait marier un citoyen belge avec une femme étrangère, parce que « une telle union constitue l'acte initial d'une famille exclusivement belge[1]. » L'ancien ministre belge, à l'appui de sa thèse, n'invoque pas le principe d'exterritorialité. En effet, la loi belge du 24 mai 1882, article 3, n'admet la compétence du consul que dans le cas où il s'agit de mariage entre un citoyen belge et une femme étrangère. Or, le principe de l'exterritorialité conduirait à admettre la validité du mariage entre une femme appartenant à la nation de l'ambassadeur et un étranger, et même entre deux étrangers, puisque en France, l'officier de l'état civil peut légalement marier deux personnes de nationalité étrangère.

Ces conclusions sont repoussées, et avec raison, elles sont même rejetées dans des décisions parlant encore d'exterritorialité. « Attendu qu'il est de jurisprudence constante que, si l'hôtel de l'ambassade doit être considéré comme territoire de la nation représentée par l'ambassadeur, cette fiction ne saurait être étendue aux actes de la vie civile intéressant les indigènes du pays auprès duquel est accrédité l'ambassadeur; que c'est donc sur le territoire français que se trouvaient J. C. et M. M. lorsqu'ils ont contracté l'acte du 24 juin 1884. Le chapelain de l'ambassade anglaise était donc incompétent pour unir légitimement une Française et un Anglais[2]. »

C'est dans ce sens que se prononçait le ministre de la justice dans une lettre adressée au ministre des affaires étrangères, le 16 septembre 1878. « Les agents diplomatiques

[1] Exposé des motifs de la loi du 24 mai 1882 par M. Frère-Orban.

[2] Tribunal de la Seine, 6 juin 1893. *Journal du droit international privé*, 1893, p. 880. — Dans ce sens, Fiore, *Droit international privé*. — Calvo, *Droit international théorique et pratique*, 4e édition, t. II, p. 172. — Clunet, *Journal du droit international privé*, 1890, p. 812. — Giulio Diena, même journal, 1893, p. 782.

et les consuls ne peuvent procéder à un mariage à l'étranger que si les futurs appartiennent l'un et l'autre à la nationalité française. Un arrêt de la Cour de cassation du 10 août 1819 décide que le mariage contracté entre un Français et une étrangère devant un agent diplomatique est nul comme ayant été reçu par un officier public incompétent. »

Toutes ces décisions sont, à mon avis, parfaitement exactes, mais alors on ne peut plus invoquer la fiction de l'exterritorialité. Comment désormais justifier le législateur français d'avoir donné compétence aux consuls pour recevoir des actes de mariage? Si on repousse l'explication que je soutiens, on est forcé d'en arriver avec Laurent à décider qu'il y a là un abus absolument incompréhensible. D'où la conséquence que ces mariages qui doivent être considérés en France comme valables, en vertu de l'article 48 du Code civil, devraient partout ailleurs être regardés comme nuls, dépourvus de tout effet civil, à l'égal d'un mariage célébré en l'absence de tout officier public. Le législateur aurait donc simplement voulu déroger aux règles générales de compétence dans un esprit de faveur pour les Français.

Si telle avait été la pensée du législateur, il faut avouer qu'il aurait protégé les intérêts les plus chers des Français en pays étranger de la manière la plus singulière qu'on puisse imaginer. Sans doute il n'est pas au pouvoir du législateur français de déclarer que partout les principes qu'il pose seront admis et d'assurer ainsi dans tous les pays la validité du mariage. Mais il est impossible de penser que le législateur français soit parti de cette idée qu'il édictait une règle arbitraire, n'ayant de valeur que par sa volonté, et devant dès lors être rejetée dans tous les autres pays, même dans ceux où le législateur aurait lui aussi édicté une semblable règle arbitraire. Il est en effet admis par tous les jurisconsultes que quand un législateur pose en faveur de ses nationaux une règle contraire aux principes généraux du droit, cette même règle ne saurait être respectée en faveur des étrangers quand elle figure dans leur loi nationale[1]. Aussi parmi les auteurs qui repoussent le système que je défends, il en est, et ce sont les seuls logiques, qui déclarent que le mariage célébré dans une ambassade étrangère en France ne saurait être regardé comme valable par les tribunaux français.

Est-il bien possible, je le répète, de penser que le législateur français en 1804 comme en 1893, a voulu poser une règle arbitraire? Cela ne peut se concevoir dans l'ordre d'idées dans lequel il se trouvait placé. La disposition qui nous occupe s'explique très simplement comme se ralliant à une théorie rationnelle du droit international privé, en vertu de laquelle on considère : 1° Que la loi naturellement applicable à la formation du lien conjugal, aux conditions dans lesquelles ce contrat sera considéré comme valable, est la loi nationale des parties. 2° Que la règle *locus regit actum* est, en thèse générale et particulièrement en matière de mariage, une règle permissive du droit des gens, règle en vertu de laquelle les parties peuvent se marier dans les formes usitées dans le pays où elles se trouvent, bien que ces formes ne répondent pas complètement aux conditions dans lesquelles on doit considérer deux personnes comme légalement unies en mariage[2].

[1] L'article 14 du Code civil permet au Français de poursuivre son débiteur étranger devant un tribunal français. Mais cette disposition toute de faveur, et non de principe, ne profitera pas au Français s'il a besoin de faire exécuter le jugement en pays étranger. De même, si un Français a été poursuivi en pays étranger, contrairement à la règle *actor sequitur forum rei*, mais en vertu d'une disposition arbitraire d'une loi étrangère, le jugement ne sera pas exécuté en France.

[2] Ces conceptions du législateur de 1804 sont encore celles du législateur moderne. J'en trouve la preuve non seulement en ce que la loi du 8 juin 1893 a reproduit l'article 48 du Code civil, mais encore dans une autre disposition de cette même loi. Les auteurs de ce texte considèrent non seulement tout ce qui concerne l'état civil, les formes des actes comme les conditions de fond, mais même les autres contrats solennels, comme soumis naturellement à la loi nationale plutôt qu'à la loi étrangère. Je n'en veux pour preuve que le nouvel article 988 du Code civil : « Au cours d'un voyage maritime soit en route, soit pen-

De la nature du lien juridique, des travaux préparatoires, de l'esprit qui a présidé à la confection de nos lois depuis la rédaction du Code civil jusqu'à nos jours, je dois conclure que le législateur français admet la validité du mariage contracté en France entre deux étrangers suivant les formes de leur loi nationale. Est-ce à dire que partout ce mariage sera considéré comme valable? Je crois avoir démontré que le principe adopté par le législateur français était le plus conforme à la nature juridique de la question, à la raison; mais il pourrait se rencontrer des peuples où d'autres principes de droit international seraient adoptés, et les tribunaux de ces pays aboutiraient à des conclusions opposées à celles qui résument cette étude. Cela ne peut nous arrêter, car cela n'a, dans la question, aucune importance. Il s'agit ici non pas de rechercher un système qui puisse concilier les théories basées sur des principes entièrement différents, système qui ne se peut d'ailleurs rencontrer, mais bien de déterminer la théorie en vertu de laquelle le tribunal français devra apprécier, quand il aura compétence, la validité d'un mariage contracté en France par des étrangers. Or, le système du législateur français, je le répète, est celui qui déclare valable le mariage con-

dant un arrêt dans un port, lorsqu'il y aura impossibilité de communiquer avec la terre, ou lorsqu'il n'existera pas dans le port, si l'on est à l'étranger, d'agent diplomatique ou consulaire français investi des fonctions de notaire, les testaments des personnes à bord seront reçus..... » L'article indique dans la suite les différents officiers compétents pour recevoir le testament. Le législateur considère ce testament reçu par des officiers de marine comme anormal; aussi quand, dans le port où se trouve le navire, il y a un agent consulaire français, le testament ne sera pas valablement reçu sur le navire. S'il n'y a pas de consul, bien que les autorités locales puissent recevoir le testament, le testateur pourra suivre la forme française en s'adressant à l'officier de marine compétent. Qu'est-ce à dire sinon que le législateur a pensé qu'il était normal d'assurer au Français en pays étranger la faculté de suivre la forme française. Le recours à la législation étrangère est permis, mais considéré comme un pis-aller qui convient peu à la nature même de l'acte.

tracté en France par des étrangers, en suivant les conditions de forme de leur loi nationale, à moins bien entendu qu'il n'y ait dans la loi étrangère quelque chose de contraire à l'ordre public, tel que nous le comprenons en France. N'est-ce pas là, d'ailleurs, l'explication la plus simple de ce fait que nous ne rencontrons ni dans le Code civil, ni dans une autre disposition législative, un texte quelconque applicable au mariage des étrangers en France? Le silence du législateur est absolu, soit en ce qui concerne les conditions de fond, soit en ce qui touche aux conditions de forme. N'est-ce pas parce que les auteurs du Code civil considéraient ces différentes questions comme étant du domaine exclusif de la législation étrangère, qu'ils n'ont pas jugé à propos de poser une règle applicable à ce cas?

La jurisprudence, au moins en ce qui concerne les mariages contractés entre deux étrangers devant le consul de leur pays, admet la validité de ces mariages, bien que les formes françaises n'aient point été observées [1].

Mais ce n'est pas la seule conséquence du principe. Il faut encore en conclure que si la loi personnelle de deux étrangers pose en principe que l'échange du consentement en présence d'un ministre du culte, opère le mariage, ces deux étrangers pourront en France se présenter devant un ministre du culte pour échanger leur consentement. Et ils seront ainsi valablement mariés. Cette application de la règle générale se présente même ici dans des conditions qui en augmentent la portée pratique. En effet, lorsque la loi d'un pays reconnaît compétence aux ministres du culte pour célébrer les mariages, c'est que cette loi laisse toute la matière du mariage sous l'empire de la loi canonique. Or, le prêtre a compétence parce qu'il est prêtre et non pas à raison de sa nationalité. Par conséquent, deux personnes régies, quant au mariage, par la loi canonique n'ont pas

[1] Jugement précité du tribunal de la Seine du 8 juin 1893.

besoin de se présenter devant un prêtre de leur nationalité, ni même devant un prêtre ayant reçu spécialement du souverain, auquel sont soumis les époux, pouvoir de célébrer le mariage de ses nationaux. Les étrangers peuvent s'adresser à un prêtre quelconque, régulièrement établi par l'autorité ecclésiastique dans la paroisse où les futurs époux ont une résidence suffisante. Il n'est pas nécessaire ici pour l'application de la règle que les deux parties contractantes soient de même nationalité; il suffit qu'elles appartiennent l'une et l'autre à une nation où le droit canonique régit le mariage. C'est ainsi qu'un autrichien et une espagnole résidant en France pourraient se présenter devant le curé de leur résidence, et là, en présence des témoins requis par le Concile de Trente, se marier valablement si les conditions de capacité étaient remplies.

Faudrait-il aller plus loin et décider que le mariage sera encore valable s'il a été célébré entre deux personnes dont l'une, le mari, est espagnol et l'autre, la femme, appartient à une nation où le mariage a été sécularisé, par exemple avec une italienne? Peut-être en Belgique, les jurisconsultes qui admettraient la théorie générale que je crois avoir établie sur des bases solides, valideraient-ils un pareil mariage? En Belgique, le législateur considère le mariage comme l'acte initial d'une famille qui, en vertu même du mariage, va appartenir tout entière à la nationalité du mari. Il en tire la conséquence que légalement l'union conjugale doit être considérée comme valable par cela seul que, au point de vue des formes, la législation du mari, qui va devenir la législation des deux époux, a été observée. Cette conception juridique peut être soutenue. Toutefois il me semble plus exact juridiquement de décider qu'on ne pourra pas, dans ce cas, recourir au mariage religieux dans un pays où il ne constitue pas la forme légale. En effet, s'il paraît absolument démontré que la règle *locus regit actum* a simplement un caractère permissif et non impératif, il faut dire que la loi applicable quant à la forme sera la loi nationale des époux. Mais, pour cela, il faut que la loi de l'un des époux pose des principes identiques aux principes admis par la législation de l'autre époux; sinon le recours à la loi naturelle qui régit même la forme du mariage sera impossible, il faudra donc profiter dans ce cas de la permission reconnue en droit des gens de recourir à la forme locale.

II. — *Objection tirée de la sécularisation du mariage.*

J'ai montré dans la première partie de cette étude comment la première objection invoquée contre ma théorie, et tirée d'un adage du droit des gens pouvait être facilement écartée par l'examen attentif des principes du droit et des textes législatifs.

On a prétendu qu'il y avait à l'adoption de cette théorie un autre obstacle résultant de la sécularisation du mariage en France. Même en adoptant la thèse générale précédemment établie, dit-on, le prêtre ne pourrait célébrer en France un mariage entre deux étrangers, s'il n'y avait pas eu auparavant mariage contracté devant un officier de l'état civil. Ici presque tous les auteurs et la jurisprudence posent une affirmation pure et simple, la plupart du temps aussi peu motivée qu'elle est absolue.

Écoutons d'abord le garde des sceaux dans sa lettre précitée du 11 mai 1892 : « Les pénalités édictées par les articles 199 et 200 ne se sont pas inspirées uniquement de l'intérêt des parties. Elles ont eu aussi pour but d'assurer toute sa sanction à la règle de la sécularisation des mariages. Elles sont donc essentiellement d'ordre public, et, à ce titre, aux termes de l'article 3 du Code civil, elles obligent tous ceux qui habitent le territoire. »

« Attendu qu'en matière de mariage, avait dit auparavant le tribunal de Toulouse, la loi religieuse est soumise à la loi civile; que le ministre d'un culte ne peut donner la bénédiction nuptiale qu'à ceux qui justifieront en bonne et due forme avoir contracté mariage devant l'officier de l'état civil, suivant les termes de l'article 54 de la loi organique du Concordat ; — que l'article 55 de cette loi dit en outre que les registres tenus par les ministres du culte n'étant et ne pouvant être relatifs qu'à l'administration des sacrements, ils ne pourront dans aucun cas, suppléer les registres ordonnés pour constater l'État civil des Français ; — que le ministre du culte ne peut pas s'arroger le pouvoir conféré seulement à l'officier de l'état civil ; — que s'il agit autrement il se rend coupable d'un trouble apporté à l'ordre public dans l'exercice de son ministère comme cela résulte du titre sous lequel est placé l'article 199 du Code pénal ; — que cet article n'est que la sanction des articles précités de la loi organique du Concordat réglant les rapports de l'État avec l'Église ; — attendu qu'il s'agit dans ce cas d'une loi de police obligeant même les étrangers qui habitent le territoire selon l'article 3 du Code civil ; — qu'en effet, il est certain qu'on doit comprendre dans les lois de police celles qui concernent l'état civil, et qu'il importe de remarquer que l'article 199 du Code pénal est placé dans le paragraphe intitulé : des contraventions propres à compromettre l'état civil des personnes[1]. »

La même doctrine a été sanctionnée en Belgique par un arrêt de la Cour de cassation en date du 19 janvier 1852 : « Les curés n'étant pas en Belgique officiers de l'état civil, la bénédiction qu'ils pourraient donner en contravention à la loi belge ne pourrait procurer la légitimité aux enfants[2]. »

Il semblerait qu'en Italie la question aurait dû recevoir une solution différente, conforme à celle que je soutiens. En effet, d'une part, l'article 9 du Code civil italien déclare

[1] Tribunal de Toulouse, 7 mai 1890. *Journal du droit international privé*, 1891, p. 225.

[2] Cour de cassation de Belgique, 19 janvier 1852. Dalloz, 1871.5. 259.

que les actes concernant deux étrangers appartenant à une même nation peuvent être faits suivant la forme établie par la loi nationale; d'autre part, aucun texte législatif n'interdit au ministre du culte de célébrer le mariage religieux avant que les époux se soient présentés devant l'officier de l'état civil.

Malgré ces raisons voici ce qu'écrit un jurisconsulte italien, connu par ses travaux sur le droit international, M. Fiore : « Autre est la question relative aux formes dans lesquelles on peut procéder à la célébration du mariage devant l'autorité civile, autre celle de savoir si la compétence du pouvoir civil peut être reconnue à l'autorité religieuse. »

« Est-il admissible, dit le même auteur, que la faculté reconnue aux contractants de se référer aux formes prescrites par leur loi nationale puisse être invoquée par eux pour contrevenir aux règles essentielles de notre droit public en matière de mariage[1]. »

Deux sortes de difficultés s'opposent donc à la possibilité pour un ministre du culte de célébrer un mariage purement religieux entre deux espagnols soumis cependant au droit canonique : 1° la sécularisation du mariage en France, incompatible avec le maintien du mariage canonique; 2° la prohibition formelle contenue dans les articles organiques et sanctionnée par les articles 199 et 200 du Code pénal.

Je pense que ni l'une ni l'autre de ces deux objections n'a la portée qu'on a voulu leur donner.

En ce qui concerne la première surtout il me semble que les auteurs, les arrêts, le Garde des sceaux lui-même ont méconnu la portée réelle de la sécularisation des actes de l'état civil. A prendre les paroles de M. Fiore, qui en cela

[1] Fiore, *Du mariage célébré à l'étranger suivant la législation italienne*, dans le *Journal du droit international privé*, 1880, p. 302. — *Contrà*, Filamusi-Gueli, note sous un arrêt de Lucques dans le *Foro italiano*, 1877, p. 1190, cité par Fiore.

ne sont que l'écho de ce qui se trouve dans les autres documents, il semblerait que dans notre société moderne, le mariage religieux, non précédé du mariage civil, et auquel on voudrait faire produire des effets légaux, constitue quelque chose de contraire à l'ordre public. Jamais donc nos tribunaux ne devraient admettre comme constitutif de la famille et comme donnant des droits le mariage purement religieux, le mariage régi par le droit canonique, la législation de l'Église. Après la sécularisation de l'état civil dans un pays, le mariage religieux devrait être, à tout le moins, un non-être que l'autorité publique ne peut connaître à moins que ce ne fût un délit dont elle poursuivra la répression.

S'il en est ainsi jamais un tel mariage ne pourra être considéré comme valable en France surtout quand il s'agit d'une union entre deux français. Un acte ou une convention, en effet, quand ils sont contraires à l'ordre public, ne peuvent jamais être invoqués en France, *quel que soit le lieu où l'acte est intervenu*, quelles que soient les personnes intéressées dans le contrat.

Cette conséquence légale qui découle logiquement des principes posés par les jurisconsultes et les décisions précédemment cités, démontre très clairement le mal fondé de leur théorie. Le mariage purement religieux, en effet, est et doit être considéré en France comme produisant tous ses effets civils, d'abord quand il est intervenu entre deux étrangers dans leur propre pays. Il ne pouvait en être autrement dans la vie pratique sous peine de rompre toute relation avec un grand nombre de peuples qui admettent le mariage religieux dans leur législation.

Bien plus, la jurisprudence française considère ce mariage purement religieux comme valable et produisant ses effets en France quand il a été célébré même entre deux personnes de nationalité française, mais dans un pays qui admet ce mode de célébration du mariage. Le tribunal de Pontoise l'a ainsi décidé pour un mariage contracté à la

Louisiane « où les prêtres sont officiers de l'état civil et ont capacité générale pour marier[1]. »

« Attendu, dit aussi le tribunal de la Seine, que le mariage dont il s'agit, étant antérieur à l'organisation de l'état civil dans la Régence de Tunis, a pu dès lors être valablement célébré par un ministre du culte auquel appartenaient les parties, conformément à l'usage que la nécessité a fait admettre dans les Échelles du Levant et de Barbarie[2]. »

Il n'y a là, dira-t-on dans le premier cas, qu'une solution applicable entre étrangers et pour un mariage célébré hors de France, dans la seconde hypothèse il n'y a qu'une application de la règle *locus regit actum*. Toujours la décision s'explique par la nécessité. Soit, mais aucune règle de droit international n'aurait la puissance de faire considérer comme valable en France un acte qui en soi serait contraire à l'ordre public, un acte qui, essentiellement, d'après les législations modernes, devrait être considéré comme dépourvu d'existence aux yeux du législateur.

Donc le mariage purement religieux est admis dans certaines circonstances, il produit des effets civils, il engendre la légitimité des enfants; la loi de sécularisation ne l'a pas repoussé d'une manière absolue, il n'est pas par essence contraire aux grands principes sur lesquels repose la société moderne. Tout cela n'avait peut-être pas besoin d'être démontré, tant la solution s'impose, il convenait cependant d'établir les principes afin qu'on ne puisse pas incidemment en nier l'existence.

Mais on insiste en restreignant la question aux mariages célébrés en France entre étrangers. Dans cette hypothèse, dit-on, le mariage religieux, sans mariage civil antérieur,

[1] Tribunal de Pontoise, 6 août 1884. *Journal du droit international privé*, 1885, p. 208.

[2] Tribunal de la Seine, 30 décembre 1892. *Journal du droit international privé*, année 1893, p. 412.

est si bien contraire à l'ordre public que la loi en a fait un délit (art. 199 et 200 du Code pénal). Ce ne serait plus, dans cette opinion, le mariage religieux en lui-même qui serait contraire à l'ordre public, qui serait une atteinte portée aux principes de la sécularisation, ce serait la *célébration*, dans un pays de législation purement laïque, d'un mariage purement religieux. Dans tous autres pays le mariage serait considéré comme valable, car en lui-même il ne porterait pas atteinte à l'ordre public de ces autres pays, et j'ai démontré qu'en thèse générale le mariage célébré dans les formes de la loi nationale des époux doit être considéré partout comme valable.

Un exemple fera peut-être mieux saisir ma pensée. Un mariage a été célébré à la chapelle de l'ambassade russe, à Bruxelles, entre un Ottoman orthodoxe et une Russe. Au point de vue personnel, la législation de chacune des parties contractantes permettait le mariage devant le pope. En Russie et en Turquie le mariage sera considéré comme valable, mais en Belgique, où l'état civil a été sécularisé, il serait considéré comme dépourvu d'effets. Telle est au moins la solution admise par les auteurs dont j'essaie de réfuter les doctrines. Que décider en France? Certains s'appuyant sur ce que la France adopte sur ce point les mêmes principes que la Belgique, déclarent que ce mariage y sera dépourvu d'effets civils. Pour d'autres cette solution serait au moins douteuse. « Peut-être, somme toute, dit un de ces auteurs, un tel mariage doit-il être en France considéré comme n'existant pas; mais il serait périlleux pour nos tribunaux de s'attacher à cette identité de législation pour appuyer cette solution, c'est que lorsque l'intervention du ministre du culte s'est produite en dehors du pays où la validité du mariage est en jeu, elle ne revêt dans cet État, aucun caractère délictueux et ne lèse, paraît-il, aucun principe d'ordre public; ce qui le prouve d'ailleurs c'est que personne ne songerait à contester la validité d'une union qui, dans un pays où le mariage est encore religieux, aurait été exclusivement célébré devant le ministre du culte compétent[1]. »

Le seul obstacle à la validité du mariage purement religieux célébré en France, entre Espagnols par exemple, serait donc celui de la prohibition écrite dans la loi organique du Concordat et dans le Code pénal. Arrêtons-nous sur cette difficulté. Dans un instant, je chercherai à démontrer que ces articles ne s'appliquent pas dans notre hypothèse; mais je veux bien, pour le moment, les considérer comme applicables. Que disent-ils? Que le ministre du culte qui célèbre un mariage religieux sans s'assurer auparavant que les parties se sont présentées devant un officier de l'état civil commet une infraction à la loi, et qu'il sera puni de peines s'aggravant singulièrement en cas de récidive. Faut-il en conclure que le mariage religieux en lui-même, dans cette circonstance, doive être considéré comme un délit, voire même comme un crime, et qu'en conséquence, il doive être déclaré nul?

On n'a peut-être pas assez remarqué que les deux dispositions précitées du Code pénal ne frappent qu'une des personnes qui participent à l'acte religieux. Le ministre du culte seul est condamné ; les deux époux ne peuvent être poursuivis ni comme auteurs principaux, ni comme complices d'un prétendu crime ou délit, qui consisterait dans la célébration du mariage religieux sans qu'il y ait eu auparavant mariage civil. Il y a là, si je ne me trompe, un point de vue important de la question. Cet acte en lui-même n'est pas considéré comme un délit, n'est pas contraire à l'ordre social, comme le prétendent à tort Fiore et beaucoup d'auteurs modernes.

Pourquoi donc une peine frappe-t-elle le ministre du culte et le frappe-t-elle seul? Il suffit de consulter les travaux préparatoires du Code civil et du Code pénal pour en

[1] Clunet, Observations dans le *Journal du droit international privé*, 1892, p. 120.

découvrir la raison. Le mariage religieux en lui-même est une chose bonne, même pour le législateur du Code pénal. A cette époque, en effet, même après la tourmente révolutionnaire qui avait changé les bases de la société, on n'entendait pas retentir le cri de ralliement : le cléricalisme voilà l'ennemi. « Il est aussi moral que pieux, disait le rapporteur M. de Noailles, lors de la discussion des fameux articles 199 et 200 du Code pénal, d'appeler la protection du ciel sur les époux qui vont s'unir, de lui demander leur bonheur et d'espérer que la Providence n'est pas insensible au tableau touchant de deux êtres jurant l'un à l'autre de se devoir une félicité commune, et scellant du sceau de la religion leurs tendres et solennelles promesses : mais les pratiques religieuses sont étrangères aux solennités de l'ordre civil, et vouloir les confondre ensemble c'est s'exposer à faire dépendre l'exercice de la protection que la société doit à tous ses membres de leur soumission à tel ou tel culte, et de la croyance qu'ils professent... Ne permettons donc point aux ministres du culte d'enlever à l'ordre civil ce qu'il importe si essentiellement qu'il conserve, et en laissant à Dieu ce qui est à Dieu, rendons à César ce qui est à César; que les cérémonies qui peuvent suivre les mariages ne les précèdent jamais et ne les suppléent pas; alors ces actes de la religion ne cesseront point d'être un bienfait et ils en deviendront plus augustes[1]. »

Déjà, en 1803, le tribun Siméon indiquait, lors de la discussion du Code civil, pourquoi le législateur, bien qu'il reconnût une haute portée morale au mariage religieux, avait cependant sécularisé l'état civil. « La religion catholique romaine n'étant plus dominante, on ne peut plus obliger les familles qui ne la suivent pas, à recourir à ses ministres à l'époque des événements qui excitent le plus leur intérêt. La nation qui ne doit pas, comme les indi-

[1] Locré, t. XXX, p. 292.

vidus, se diviser en sectes, a dû établir pour tous les citoyens, des registres et des officiers dont ils puissent tous se servir sans répugnance[1]. »

Aussi pour les Français, le mariage étant sécularisé, l'acte passé devant le ministre du culte en France ne peut plus avoir aucune valeur aux yeux de la loi civile. Alors, suivant les expressions du conseiller d'État Berlier, présentant le projet du Code pénal, « les ministres du culte qui procèdent aux cérémonies religieuses d'un mariage, sans qu'il leur ait été justifié de l'acte de mariage, compromettent évidemment l'état civil des gens simples, d'autant plus disposés à confondre la bénédiction nuptiale avec l'acte constitutif du mariage, que le droit d'imprimer au mariage le sceau de la loi était naguère dans les mains de ces ministres.

« Il importe, sans doute, qu'une si funeste méprise ne se perpétue point, et ce motif est assez puissant pour punir d'une amende les ministres du culte qui procèdent aux cérémonies religieuses d'un mariage sans justification préalable de l'acte qui le constitue régulièrement. Cette peine légère d'abord s'aggravera en cas de récidive[2]. »

Le ministre du culte commet une imprudence dans une matière grave. Il s'expose à compromettre l'état civil des gens simples qui ne connaîtraient pas le changement de législation, et qui, habitués à voir que leurs ancêtres se mariaient en se présentant seulement à l'église ne songeraient pas à aller à la mairie. L'acte en lui-même n'a rien de contraire à l'ordre public, voilà pourquoi les époux qui y participent si directement ne sont frappés d'aucune peine; mais cet acte constitue une imprudence coupable de la part du ministre du culte, qui, plus instruit, doit avertir les époux que le mariage d'un *Français* ne peut légalement avoir lieu que devant un officier de l'état civil; voilà pour-

[1] Discours du tribun Siméon. Locré, t. III, p. 202.

[2] Exposé des motifs du Code pénal par Berlier. Locré, t. XXX, p. 250.

quoi ce ministre du culte est puni d'une amende, peine d'abord très faible, comme il convient à une simple imprudence et à un acte parfaitement moral.

En cas de récidive, l'article 200 du Code pénal aggrave singulièrement la peine : « En cas de nouvelles contraventions, le ministre du culte qui les aura commises sera puni, savoir : pour la première récidive, d'un emprisonnement de deux à cinq ans, et pour la seconde, de la détention. » C'est que, en cas de récidive, bien que l'acte reste le même, le législateur ne voit plus une simple imprudence, mais un parti-pris de la part du prêtre de méconnaître la sécularisation du mariage, de se mettre en lutte contre le changement de législation et le nouvel ordre social qu'il sanctionne. Pour lutter contre la société moderne, ce ministre du culte ne craint pas de compromettre l'état civil des citoyens. Aussi la peine est-elle considérablement aggravée. On aboutit en fin de compte à punir d'une peine politique criminelle, la détention, un acte qui, de la part du ministre du culte, est bien un crime politique, aux yeux de la loi.

De cet exposé des principes, on doit logiquement conclure que le mariage religieux célébré en France, entre deux Espagnols, est valable. En effet, d'un côté, en vertu de la règle générale qu'il convient de ne pas perdre de vue, les mariages entre étrangers sont valables, pourvu que les conditions, même les conditions de forme, requises par la loi des époux, aient été observées. Or, en fait, je suppose qu'aucune difficulté ne s'élève sur ce dernier point. D'autre part, ce mariage religieux célébré en France entre deux etrangers, n'est pas, même depuis la sécularisation du mariage, considéré comme portant atteinte à une loi d'ordre public puisque l'acte en lui-même est parfaitement moral. Le paragraphe 1 de l'article 3 du Code civil ne peut donc pas être opposé aux époux. Par conséquent, en vertu du troisième paragraphe du même article ces époux seront unis en légitime mariage, les enfants devront être admis à jouir en France de tous les droits reconnus aux enfants légitimes.

Cela demeure vrai, même si on admet que le ministre du culte en célébrant ce mariage viole une prohibition légale, enfreint les articles 199 et 200 du Code pénal et encourt les pénalités.

Il peut paraître étrange qu'une loi prononçant des peines ne soit pas considérée comme une loi de police, et par conséquent comme une loi obligeant les étrangers. Mais il ne faut pas oublier qu'en matière de mariage les lois qui établissent des peines contre l'officier public et même contre les époux, ne sont pas toutes à ce point liées à l'ordre social que leur violation entraîne toujours la nullité du mariage. Un simple coup d'œil jeté sur le Code civil nous en convaincra. Il y a des hypothèses où le législateur, ayant posé un empêchement prohibitif, fait défense à l'officier de l'état civil de passer outre à la célébration du mariage. Dans ce cas, le législateur accompagne sa prohibition de peines plus ou moins sévères soit à l'encontre de l'officier public, soit à l'encontre des époux. C'est ainsi qu'en cas d'opposition l'officier de l'état civil ne pourra célébrer le mariage avant qu'on lui en ait remis la mainlevée sous peine de 300 francs d'amende (art. 68 du Code civil). Lorsqu'il n'y aura pas eu d'actes respectueux, dans les cas où ils sont prescrits, l'officier de l'état civil qui aurait célébré le mariage sera condamné à une amende de 300 francs au maximum et à un emprisonnement qui ne pourra être moindre de un mois (art. 157 du Code civil). La même amende de 300 francs sera encore prononcée contre l'officier de l'état civil qui célébrerait un mariage sans qu'il ait été précédé des publications légales, et dans ce cas les époux eux-mêmes encourraient une amende proportionnée à leur fortune (art. 192 du Code civil). Ces pénalités sont plus graves que l'amende de 16 à 100 francs, elles atteignent non seulement l'officier public mais aussi les époux dans certains cas. Cependant si le mariage a été célébré, il ne sera pas frappé de nullité à raison de la prohibition qui a été violée. La nullité ne pourrait être prononcée que si un principe supérieur, sanctionné par un texte formel, forçait à prononcer cette nullité.

Il ne peut pas en être autrement de la prohibition des articles 199 et 200 du Code pénal. Si en lui-même le mariage est conforme aux principes, il ne peut être annulé sous prétexte que la célébration religieuse, qui constitue réellement le mariage de deux sujets espagnols, a été prohibée tant qu'il n'y aurait pas eu auparavant célébration d'un mariage civil. Pour faire annuler le mariage, il faudrait démontrer qu'il y a eu, dans l'hypothèse, un empêchement dirimant.

C'est alors que reprenant la question par un autre côté, on prétend que cet empêchement dirimant existe : c'est l'incompétence absolue de celui devant lequel le mariage a été célébré. En France, jamais un mariage ne peut être contracté devant un ministre du culte qui y est radicalement incompétent.

Voici la réponse à l'objection. Sans doute, la loi française n'a pas attribué compétence au ministre du culte. Mais aussi bien je n'examine pas l'hypothèse dans laquelle les étrangers ont voulu se marier dans les formes de la loi française en invoquant le bénéfice de la règle *locus regit actum*. J'ai en vue uniquement le cas où des étrangers ont voulu contracter mariage dans les formes établies par leur loi nationale, et qu'ils peuvent en fait observer en France. J'ai démontré dans une première partie que cette célébration dans les formes de la loi nationale des époux devait être admise par le droit international privé, tel au moins qu'il convient de l'interpréter d'après les principes admis en France. Or, dans le cas d'un mariage dans la forme étrangère, ce n'est pas la loi française qui donne à un officier public quelconque compétence pour présider à cette célébration, c'est la loi étrangère. C'est ainsi que la loi française n'attribue aucune compétence au consul belge pour marier en France deux personnes de nationalité belge. Néanmoins les principes de droit international admis en France déclarent ce mariage valable partout, aussi bien en France qu'en Belgique. Pourquoi n'en serait-il pas de même au point de vue de la compétence, pour le mariage célébré par un prêtre catholique entre Espagnols? C'est la loi espagnole qui reconnaît, qui attribue compétence au ministre du culte, comme c'était tout à l'heure la loi belge qui attribuait compétence au ministre plénipotentiaire ou au consul belges. Où est la différence? où est la raison de distinguer?

On a toutefois prétendu en trouver une. Ici je laisse la parole à M. Fiore. « En admettant, dit cet auteur, que la compétence relative au mariage, en tant qu'acte de l'état civil, soit attribuée à la puissance civile par la loi territoriale, on peut sans inconvénient décider que, lorsqu'aux termes de la loi étrangère les consuls pourraient exercer les fonctions d'officiers de l'état civil et assister à l'étranger, à la célébration du mariage entre citoyens de l'État auquel ils appartiennent, en observant les formes prescrites par leur loi nationale, le mariage ainsi célébré devant eux devrait être regardé comme valable en Italie et partout. C'est la juste conséquence des principes communément admis, que les consuls étrangers peuvent exercer toutes les fonctions qui leur sont attribuées par leur loi nationale, y compris celles d'officier de l'état civil et qui n'ont pas été exceptées dans la convention consulaire ou dans l'*exequatur* qui leur a été accordé. D'autre part, à supposer que le consul soit compétent, on doit toujours réserver la faculté pour les étrangers appartenant au même pays de suivre les formes prescrites par leur loi nationale pour les actes accomplis hors de leur patrie devant les consuls. Mais on ne peut trouver là aucune raison pour attribuer, en vertu d'une loi étrangère, la compétence à l'autorité ecclésiastique dans un pays dont la loi déclare le pouvoir civil exclusivement compétent pour célébrer le mariage. Nous concluons dès lors, que, dans notre hypothèse, le mariage célébré uniquement devant l'autorité ecclésiastique doit être considéré comme juridiquement *inexistant* en ce qui concerne tous les effets civils de cet acte[1]. »

Il y aurait donc entre l'application de la loi nationale par le consul, application admise par presque tout le monde, et celle faite par le ministre des cultes deux motifs de différence. Le premier serait tiré de ce que le consul en recevant l'*exequatur* recevrait en quelque sorte compétence pour l'état civil, quand sa loi nationale lui attribue les fonctions d'officier de l'état civil. Le second résulterait de ce que, en ce qui concerne les consuls, c'est toujours en vertu de la loi civile que le mariage est célébré, tandis que le mariage célébré par un prêtre catholique l'est en vertu du droit canonique, c'est-à-dire d'une loi purement religieuse qui par elle-même ne peut avoir aucune force légale dans un pays où la loi religieuse et la loi civile sont essentiellement distinctes.

Le premier point de vue peut paraître spécieux. Il est vrai que le consul étranger avant d'exercer ses fonctions doit être admis en France, avoir reçu l'*exequatur*. On ne saurait toutefois prétendre que c'est cet *exequatur* qui attribue compétence au consul étranger pour célébrer les mariages. La compétence, ce consul la tient de sa loi nationale, et non pas du gouvernement français, qui d'ailleurs n'a aucun pouvoir pour donner ainsi compétence au consul étranger. L'institution de l'*exequatur* a d'autres bases; elle a été nécessitée par ce fait que le consul est un représentant des intérêts de son pays, qu'à ce titre il a des droits nombreux, il jouit de privilèges particuliers. Exerçant ainsi une autorité en France, on aurait pu voir dans cet exercice une atteinte à la souveraineté du pays dans lequel le consul exerce ses fonctions, si le gouvernement de ce pays n'oc-

[1] Fiore, *Le droit international privé*, 2e édition, traduction Antoine, t. II, p. 30.

troyait en quelque sorte la permission de le faire. D'autre part, il faut que ce personnage soit reconnu officiellement comme le représentant du pays étranger. Mais nous avons vu que l'officier public qui intervient dans les mariages n'y joue pas un rôle actif, n'y fait pas acte d'autorité. L'*exequatur* n'a pas trait à cette partie des attributions des consuls, elle n'est pas une approbation, une confirmation des pouvoirs que, à ce point de vue, leur attribue la loi de l'État auquel ils appartiennent. D'ailleurs, il y a en France des consuls belges, qui ont reçu l'*exequatur*. Or ces consuls, en vertu d'une loi de 1882, ont compétence pour célébrer un mariage entre un sujet belge et une femme étrangère. Est-ce que en France on admettrait la validité d'un mariage contracté ainsi entre un citoyen belge et une femme française? La jurisprudence française est formelle pour déclarer ce mariage inexistant pour défaut absolu de compétence du consul de Belgique. La théorie de l'*exequatur* n'a donc rien à voir dans la question qui nous occupe. D'ailleurs je crois avoir établi dans la première partie de cette étude la véritable base juridique et rationnelle de la compétence consulaire en matière de mariage; j'ai donc ainsi démontré qu'il n'est aucunement nécessaire de recourir à l'*exequatur* pour établir cette compétence. Si dans une convention consulaire les deux gouvernements contractants reconnaissaient la compétence respective de leurs consuls en matière matrimoniale, il ne faudrait voir là qu'une manifestation d'un principe, la reconnaissance de l'effet produit par le principe, et non pas une attribution de compétence qui ne peut émaner que de l'autorité qui nomme le consul. En résumé, la première différence, signalée par Fiore, l'*exequatur*, existe bien, mais elle n'a aucune importance dans l'étude de la question.

La seconde différence est basée sur ce que les États modernes, au moins en grand nombre, et la France en particulier, ont distingué avec soin la loi civile de la loi religieuse. J'emprunte ma réponse à un jurisconsulte italien, M. Olivi :

« A propos de la nature du mariage, dit-il, peu importe qu'une loi considère cette institution comme essentiellement religieuse, tandis que l'autre la regarde comme une institution purement juridique, puisque, même d'après la première de ces lois, l'élément religieux produit des effets juridiques. La loi religieuse étant reconnue par l'État en matière de mariage acquiert par là la nature et la physionomie de toute autre loi, même absolument étrangère à la religion; la loi religieuse est élevée au nombre des autres lois de l'État, elle en forme le droit positif; elle est pourvue de tous les moyens d'exécution qui sont propres au droit positif. Cette simple coïncidence que la loi civile est en même temps la loi religieuse n'implique aucune différence substantielle entre cette même loi et une autre qui, en rejetant tout élément religieux, fonderait le mariage sur un simple contrat civil. Ce contrat, qui a pour base nécessaire le consentement des parties, existera dans tous les cas[1]. »

Peu importe donc que la loi française n'ait pas attribué à un ministre du culte la qualité d'officier de l'état civil, puisque c'est à la loi espagnole dans notre hypothèse qu'on doit s'en référer, à moins qu'il n'y ait dans le fait quelque chose de contraire à l'ordre public, quelque chose d'immoral. Or, suivant l'expression de l'auteur que je viens de citer, « il est impossible de soutenir que le mariage religieux, particulièrement dans un pays chrétien, est contraire à l'ordre public et aux bonnes mœurs[2]. »

La seconde série d'objections, tirée de la sécularisation du mariage et des prohibitions contenues dans la loi organique du Concordat ainsi que dans le Code pénal, disparaît comme la première tirée de la règle *locus regit actum*. J'aurais le droit de m'en tenir là et de conclure à la validité du mariage célébré par un ministre du culte entre deux per-

[1] Olivi, *Revue de droit international* de Gand, 1883, p. 211.
[2] Olivi, *Loco citato*, p. 230.

sonnes qui appartiennent à un pays où le mariage n'a pas été sécularisé. Mais je puis invoquer une autorité dont Laurent, en Belgique, a pu railler l'importance, sans que cela fasse disparaître le document. A l'époque qui a suivi la confection du Code civil, le point de jurisprudence que je veux établir était formellement reconnu par le Garde des sceaux. « Les étrangers qui désirent se marier en France ne sont pas tenus de se conformer aux lois françaises; ils peuvent se marier suivant celles de leur pays, et en ce cas rien n'empêche le ministre du culte de leur donner la bénédiction nuptiale[1]. »

Ce ministre de la justice qui avait pris part à la discussion du Code civil et qui venait de participer à la préparation des articles 199 et 200 du Code pénal, me paraît un interprète plus autorisé que son successeur de 1892, qui se rendait moins bien compte de l'esprit dans lequel nos grandes lois de 1804 à 1810 avaient été conçues. Il semble que le ministre de 1892, à son insu peut-être, ait obéi dans sa lettre à l'esprit de lutte contre la religion, esprit qui considère comme contraire à l'ordre social tout ce qui de près ou de loin, tend à donner une influence quelconque aux prêtres, ou à la religion qu'ils représentent. Cet esprit considère tout pouvoir reconnu à un ministre du culte comme un empiètement sur le pouvoir civil, une usurpation criminelle.

Ce n'est pas avec cet esprit sectaire, que le jurisconsulte doit aborder l'étude des lois de 1804 et de 1810. Or, ce sont ces lois qui sont la base de toute solution de la question, et tant qu'une loi ne sera pas venue porter une nouvelle atteinte aux droits naturels de l'Église, il conviendra d'examiner ces droits avec une pleine indépendance, vis-à-vis des sectaires, qui refusent même d'examiner, la repoussant dédaigneusement, une consultation établissant ce droit

[1] Lettre du Ministre de la justice adressée le 16 mai 1810, au pasteur Gœpp.

du prêtre catholique de célébrer en Belgique le mariage purement religieux entre deux sujets espagnols.

Pour qu'il y ait atteinte à « l'indépendance de la puissance civile[1], » il faudrait que l'acte accompli par le prêtre ait pour but direct de s'élever contre la solution donnée par le législateur. C'est ainsi qu'on jugerait la question si un prêtre catholique prétendait, en France, unir en légitime mariage deux Français, qui ne se seraient pas d'abord présentés devant l'officier de l'état civil. Il y aurait, dans ce cas, une tentative contre la puissance civile parce que le ministre du culte essaierait de reconquérir un terrain que la loi a certainement attribué à cette puissance civile en laïcisant l'état civil.

Mais en admettant, malgré des inconvénients certains et fort graves, résultant de la laïcisation absolue du mariage, la supériorité du nouvel ordre de chose sur l'ancien à raison des nécessités nouvelles, il faut encore se demander pour qui le législateur a créé cette nouvelle organisation si parfaite à ses yeux. C'est évidemment pour les Français. C'étaient eux seuls que les rédacteurs de la loi organique du Concordat, du Code civil et du Code pénal avaient en vue et non les citoyens étrangers. Sans doute, les étrangers, en France, peuvent avoir recours à nos actes de l'état civil sécularisé; j'applaudis à cette tendance des législateurs modernes d'étendre aux étrangers les bienfaits des institutions nationales. Mais il n'en est pas moins vrai que les institutions d'un pays, surtout en ce qui concerne l'état et la capacité des personnes, ont principalement, ont même uniquement en vue les nationaux. Particulièrement en ce qui concerne le Code civil, les travaux préparatoires démontrent que le législateur n'a jamais pensé aux étrangers quand il posait les règles nouvelles de l'état civil. Et en cela il était conséquent avec lui-même, puisqu'il s'agit d'une question d'état, qui, en vertu de l'article 3 du Code

[1] Laurent, *Droit civil international*, t. IV, n° 237.

civil, est de la compétence naturelle de la loi personnelle à laquelle se rattachent les époux. Évidemment l'ordre public français, les destinées de la société française ne sont aucunement intéressés à ce que les principes du mariage civil s'appliquent aux étrangers, même s'ils contractent mariage en France. Qu'on ne dise pas que les étrangers pouvant ainsi se marier sans se présenter à la mairie, les tiers, c'est-à-dire en fait les Français qui traiteront avec eux, seront injustement trompés. A cela je réponds que chacun doit s'enquérir de la situation juridique de celui avec lequel il contracte. C'est là un principe de raison dont les Romains avaient fait une règle de droit[1]. Par conséquent, on sait que les personnes sont espagnoles, on sait que leur état et leur capacité doivent être appréciés d'après la loi espagnole, on sait donc enfin que ces personnes peuvent être mari et femme sans s'être jamais présentées devant un officier de l'état civil. Par contre, on sait ou on doit savoir que si elles ont échangé leur consentement devant un ministre du culte, elles sont valablement mariées. D'ailleurs, si l'objection était fondée elle dépasserait le but. Il sera bien plus difficile de connaître le mariage contracté en Espagne que le mariage contracté en France, et cependant, il n'y a aucun doute sur ce point à l'heure actuelle, le mariage contracté en Espagne produira en France ses effets, à moins d'une fraude véritable commise par les époux pour tromper sur leur état civil[2].

Donc, en établissant le mariage civil et les formalités spéciales du mariage à la mairie, le législateur n'a jamais eu en vue les étrangers.

[1] *Qui cum alio contrahit, vel est, vel debet esse non ignarus conditionis ejus* : Ulpien, L. 19, *Digeste*, Liv. 50, t. XVII.

[2] Aubry et Rau, *Droit civil français*, § 31, note 29.

DEUXIÈME POINT.

Le Ministre du culte peut librement célébrer le mariage.

Cette conclusion donnée à la première question me permettra d'être très bref sur la seconde. J'ai dit que non seulement le mariage célébré par le ministre du culte serait valable, mais que de plus ce prêtre ne pourrait encourir aucune pénalité. Puisque le législateur n'a pas songé, et ne pouvait pas songer à interdire le mariage purement religieux entre étrangers, le ministre du culte, en y procédant, n'a enfreint aucune défense. Il a fait ce qu'il avait le droit de faire. Et comment peut-on encourir une peine en accomplissant purement et simplement un acte que les principes du droit déclarent légal?

D'ailleurs, ces principes rationnels sont bien ceux du législateur français. Comme le disait le Ministre de la justice en 1810, les étrangers qui se marient religieusement en suivant les formes de leur loi nationale, sont valablement mariés, ils ne font qu'user d'un droit et, par conséquent, le ministre du culte ne peut commettre un délit en leur prêtant son ministère.

Tout le monde affirme que les articles 199 et 200 du Code pénal ne sont que la sanction des dispositions contenues dans les articles 54 et 55 de la loi organique du Concordat du 18 germinal an X. Cette corrélation est mise en relief et dans la lettre du Garde des sceaux du 11 mai 1892, et dans le jugement du tribunal de Toulouse que j'ai rapportés au commencement de cette étude. Ces deux séries de dispositions visent exactement le même fait et il n'est pas illogique de mettre ces deux lois en parallèle afin qu'elles s'éclairent mutuellement l'une l'autre.

Que disent d'abord les articles organiques? « Les curés, dit l'article 54, ne donneront la bénédiction nuptiale qu'à ceux qui justifieront en bonne et due forme avoir contracté mariage devant l'officier de l'état civil. » Après avoir parlé de la célébration du mariage, la loi de 18 germinal an X était naturellement appelée à s'occuper de la preuve des actes de l'état civil; la rédaction de ces actes dans l'ancien droit appartenait aux curés comme il leur appartenait de célébrer le mariage. Cette loi décide donc dans son article 55 : « Les registres tenus par les ministres du culte n'étant et ne pouvant être relatifs qu'à l'administration des sacrements, ils ne pourront dans aucun cas suppléer les registres ordonnés pour constater l'*état civil des Français.* »

C'est bien évidemment la suite de la même idée qui se trouve dans les articles 54 et 55 précités. D'un côté les conditions d'existence de l'acte, de l'autre la preuve de ce même acte. C'est bien pour les mêmes personnes que l'état civil est doublement sécularisé, d'abord quant à la célébration, ensuite quant à la preuve de l'état civil. Cela n'a pas besoin de plus longue démonstration. Or l'article 55 déclare formellement que c'est en vue des Français que les registres ont été sécularisés, par conséquent c'est en ce qui concerne les mêmes Français que le législateur a voulu enlever toute compétence au ministre du culte. Donc la défense de recourir à un ministre de culte pour présider au mariage et constater l'état d'époux n'existe pas quand il s'agit de deux étrangers. A raison du lien intime qui unit les articles 199 et 200 du Code pénal aux dispositions de la loi du 18 germinal an X, nous pouvons conclure qu'aucune peine ne peut frapper le ministre du culte qui célèbre le mariage religieux, avant tout mariage civil, entre deux étrangers dont la loi nationale admet comme produisant des effets civils le mariage purement religieux.

D'autres considérations légales conduisent encore à la même solution. Sans recourir à la corrélation certaine entre les articles 54 et 55 de la loi de l'an X et les articles 199 et 200 du Code de 1810, il est facile de démontrer que le prêtre qui célébrerait en France le mariage de deux Espagnols ne peut être frappé d'aucune peine. J'ai démontré qu'au point de vue de la législation française ce mariage doit être considéré comme valable. Or, il n'y a lieu de frapper d'une peine le ministre du culte que quand l'acte accompli par ce prêtre peut compromettre l'état civil des personnes qui s'adressent à lui. Cela n'est pas seulement rendu vraisemblable par les travaux préparatoires qui démontrent que le législateur a voulu empêcher qu'un citoyen à l'esprit simple ne compromît son état, en s'adressant au ministre du culte comme on avait coutume de le faire avant 1789, la vérité de cette théorie ressort aussi très clairement de la rubrique sous laquelle sont placées les dispositions pénales qui nous occupent : « Des contraventions propres à compromettre l'état civil des personnes. » Donc puisque dans notre hypothèse l'état civil des deux personnes qui se sont mariées d'après la législation canonique ne peut pas être compromis, puisque le mariage produit tous ses effets et en particulier la légitimité des enfants, puisque ce mariage est régulièrement prouvé par l'acte dressé par le prêtre catholique[1], le prêtre ne peut être frappé d'aucune peine par les articles précités du Code pénal.

Je suis arrivé au terme de ma tâche. En prenant les principes rationnels qui ont dû présider à la formation de la loi, en les éclairant par les travaux préparatoires, j'ai montré que ces principes théoriques s'accordaient avec les textes positifs de notre Code civil et des lois postérieures.

[1] L'état civil sera régulièrement prouvé par le registre tenu par le ministre du culte. Les articles 194 et 195 du Code civil n'exigent un acte régulièrement inscrit sur les registres de la mairie que quand le mariage doit être célébré dans la forme française (Jugement du tribunal de la Seine du 15 mars 1883, *Journal du droit international privé*, 1883, p. 392). Par conséquent de même que le mariage de Français en pays étranger peut être prouvé par les registres ecclésiastiques quand ce mariage peut être célébré devant un prêtre catholique, de même le mariage de l'étranger en France pourra être prouvé par les registres des paroisses, parce que les étrangers peuvent, quand leur loi nationale le permet, se marier en se présentant devant un ministre du culte.

Les formes du mariage sont trop intimement liées à la question d'État pour n'être pas naturellement soumises à la loi nationale des deux époux, quand cette loi leur est commune, sauf la faculté de recourir aux formes de la loi locale quand les parties contractantes y trouvent un avantage. Même il arrive que le fond emporte la forme, et que telle condition de forme soit considérée par la loi des époux comme substantielle.

Ces principes généraux j'en ai revendiqué l'application quand il s'agit de deux étrangers dont la loi nationale se confond avec la loi canonique en ce qui concerne le mariage. J'ai démontré que rien, ni dans notre organisation sociale moderne, ni dans les lois soit civiles soit pénales, ne s'oppose absolument à l'application des principes généraux dans cette hypothèse particulière.

Pourquoi ai-je aussi largement développé une question qui ne paraît pas pratiquement soulever beaucoup de difficultés, puisque les époux étrangers peuvent toujours se présenter devant l'officier de l'état civil, sauf à ne se considérer comme mariés que quand ils auront échangé leurs serments en présence du prêtre catholique qui seul peut les unir en conscience et d'après leur loi nationale?

J'ai eu pour entreprendre cette étude deux motifs. D'abord, je trouve qu'il est peu convenable de forcer deux étrangers à se présenter devant un officier public, lorsque pour eux, en conscience et légalement, cet acte ne peut produire aucun effet. Il y a là une pure comédie, un néant juridique, et la loi qui forcerait les particuliers à y recourir ne pourrait gagner le respect public en maintenant cette exigence.

Et puis est-il vrai de dire que cette obligation de se présenter devant l'officier de l'état civil n'apportera aucune entrave illégitime à l'union de deux étrangers en France, qu'il n'y aura qu'une pure comédie fort peu gênante? Je ne le crois pas. Il peut arriver que cette comédie entraîne impossibilité de contracter mariage. Apparemment quand on impose à deux étrangers l'obligation de se soumettre au mariage civil, on leur impose en même temps l'obligation de respecter les règles de la célébration de ce mariage civil. L'étranger en France ne pourra donc se marier que là où il aura son domicile réel, ou au moins six mois de résidence. N'y a-t-il pas là dans beaucoup de cas une obligation que l'étranger ne pourra pas remplir? Lui faudra-t-il alors retourner dans son pays, ou dans une localité soumise à sa loi nationale pour y contracter mariage et revenir le lendemain en France avec les droits et les obligations d'époux légitime? Avec cette nécessité du mariage civil il n'y a aucun moyen d'échapper à cette démarche si l'étranger n'a pas en France de domicile matrimonial, tandis qu'en appliquant à ces étrangers les règles du droit canonique, qui est leur loi nationale, ils pourraient se marier en France, pourvu que le prêtre qui les marie n'agisse qu'en vertu d'une délégation du propre pasteur des époux. De quel droit la loi civile française, l'ordre public n'étant pas intéressé, interdirait-elle à des étrangers cette forme de procéder?

Il y a encore une autre raison plus puissante qui m'a porté à consigner par écrit le résultat de mes études sur la question. En réfléchissant à la règle générale, j'eus vite aperçu qu'elle était en pleine conformité avec la loi positive française. Je me suis demandé pourquoi cette règle générale ne s'appliquerait pas au mariage religieux. En vérité, je n'ai pas trouvé à cette question de réponse satisfaisante. Les adversaires de l'Église se sont élevés contre la solution générale parce que pour eux l'Église doit toujours être combattue. Tout droit qui n'est pas formellement reconnu aux catholiques doit leur être enlevé. C'est surtout contre cet esprit que j'ai voulu protester. Trouvant sur mon chemin un des cas dans lesquels on prétend appliquer cette théorie, j'ai voulu affirmer qu'il y avait là une erreur, qu'il n'y avait pas lieu de refuser en principe tout droit aux membres de l'Église lorsque on admet vis-à-vis de tout le monde que tout ce qui n'est pas défendu est permis. Non l'Église n'est pas l'ennemie naturelle de la société, et il est faux qu'il y ait toujours entre elles lutte ouverte. Le législateur n'a pas traité l'Église et sa législation en adversaires auxquels il convient de refuser tout droit. S'il a cru devoir laïciser le mariage, ce n'était point pour déclarer le mariage religieux contraire à l'ordre social. Nous respectons cette laïcisation, mais il nous est impossible de partir de là pour déclarer que de toutes les applications des lois étrangères en matière matrimoniale, celles-là seules seront prohibées en France, qui s'appuient sur le droit religieux en même temps que sur le droit civil des États étrangers. Le caractère religieux sera méconnu en France, mais il reste toujours le caractère de loi étrangère et le caractère religieux qui s'attache à la loi étrangère ne peut être chez nous un vice qui fasse prohiber l'application de cette loi.

J'ai cru devoir développer ces principes, parce que, par suite de je ne sais quelle crainte sans fondement, beaucoup de personnes hésitent à les affirmer. Il faut, chaque fois que l'occasion s'en présentera, repousser cette tendance à rejeter toujours la législation de l'Église quand elle paraît en opposition avec une législation purement civile. C'est ainsi qu'on prendra l'habitude de reconnaître à la législation canonique tous les droits qui lui appartiennent naturellement comme à toute autre législation ; c'est ainsi qu'on introduira dans les habitudes l'esprit qui doit présider à l'étude de toutes les questions dans lesquelles les droits et les intérêts de l'Église sont en jeu.

BAR-LE-DUC, IMPRIMERIE CONTANT-LAGUERRE.

BAR-LE-DUC, IMPRIMERIE CONTANT-LAGUERRE.

Contraste insuffisant

NF Z 43-120-14

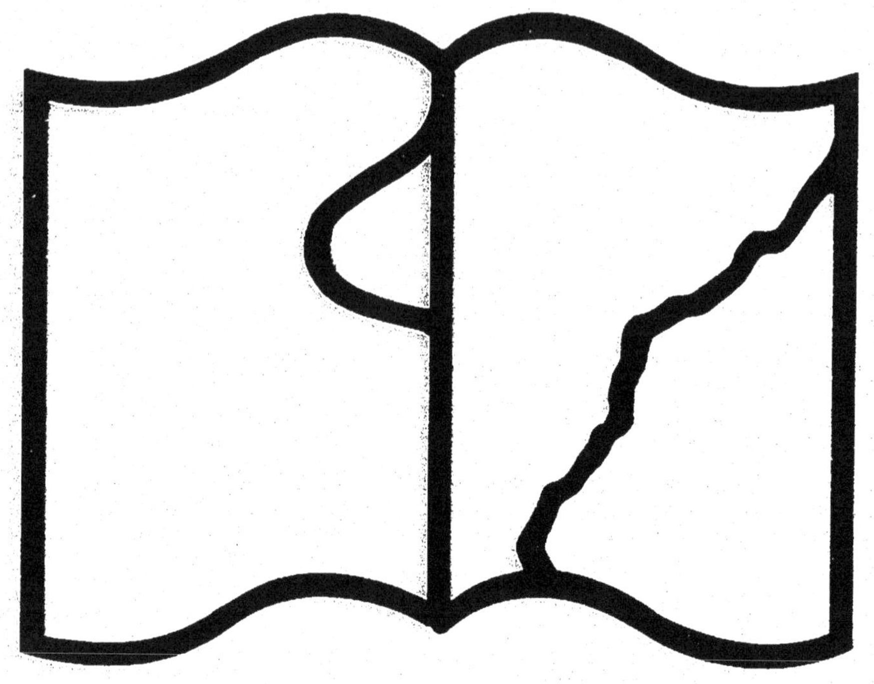

Texte détérioré — reliure défectueuse

NF Z 43-120-11

www.ingramcontent.com/pod-product-compliance
Ingram Content Group UK Ltd.
Pitfield, Milton Keynes, MK11 3LW, UK
UKHW020414230726
13925UKWH00004B/1413

9 782013 592802